DOS DELITOS E DAS PENAS

MARQUÊS CESARE BECCARIA

DOS DELITOS E DAS PENAS

INCLUI O TRATADO
CRIMES E PUNIÇÕES

ENCONTRE MAIS
LIVROS COMO ESTE

Copyright desta tradução © IBC - Instituto Brasileiro De Cultura, 2024

Título original: On Crimes and Punishments
Reservados todos os direitos desta tradução e produção, pela lei 9.610 de 19.2.1998.

1ª Impressão 2024

Presidente: Paulo Roberto Houch
MTB 0083982/SP

Coordenação Editorial: Priscilla Sipans
Coordenação de Arte: Rubens Martim (capa)
Produção Editorial: Murilo Oliveira de Castro Coelho (Org.)
Tradução: Murilo Oliveira de Castro Coelho
Revisão: MC Coelho – Produção Editorial

Vendas: Tel.: (11) 3393-7727 (comercial2@editoraonline.com.br)

Foi feito o depósito legal.
Impresso na China

Dados Internacionais de Catalogação na Publicação (CIP)
de acordo com ISBD

C181d	Camelot Editora
	Dos Delitos e das Penas (inclui o tratado Crimes e Punições) / Camelot Editora. – Barueri : Camelot Editora, 2024. 192 p. ; 15,1cm x 23cm.
	ISBN: 978-65-6095-079-5
	1. Direito. 2. Delitos. 3. Crimes. 4. Punições. I. Título.
2024-404	CDD 340 / CDU 34

Elaborado por Odilio Hilario Moreira Junior - CRB-8/9949

IBC — Instituto Brasileiro de Cultura LTDA
CNPJ 04.207.648/0001-94
Avenida Juruá, 762 — Alphaville Industrial
CEP. 06455-010 — Barueri/SP
www.editoraonline.com.br

SUMÁRIO

PREFÁCIO 7
AO LEITOR 8

DOS DELITOS E DAS PENAS 12

CAPÍTULO I	INTRODUCÃO	13
CAPÍTULO II	A ORIGEM DAS PENAS — O DIREITO DE PUNIR	16
CAPÍTULO III	DAS CONSEQUÊNCIAS	18
CAPÍTULO IV	INTERPRETAÇÃO DAS LEIS	19
CAPÍTULO V	OBSCURIDADE DAS LEIS	22
CAPÍTULO VI	APRISIONAMENTO	24
CAPÍTULO VII	PROVAS E FORMAS DE JULGAMENTO	26
CAPÍTULO VIII	DAS TESTEMUNHAS	29
CAPÍTULO IX	ACUSAÇÕES ANÔNIMAS	32
CAPÍTULO X	PERGUNTAS INDUTORAS — DECLARAÇÃO POR ESCRITO	34
CAPÍTULO XI	JURAMENTOS	35
CAPÍTULO XII	TORTURA	36
CAPÍTULO XIII	ACUSAÇÕES E PRESCRIÇÕES	42
CAPÍTULO XIV	INTENÇÕES CRIMINOSAS, CÚMPLICES E IMPUNIDADE	45
CAPÍTULO XV	A MODERAÇÃO DAS PENAS	47
CAPÍTULO XVI	PENA CAPITAL	50
CAPÍTULO XVII	BANIMENTO E CONFISCOS	58
CAPÍTULO XVIII	INFÂMIA	60
CAPÍTULO XIX	A PRESTEZA DAS PENAS	62
CAPÍTULO XX	CERTEZA DE PUNIÇÃO — INDULTOS	65
CAPÍTULO XXI	EXÍLIO	67
CAPÍTULO XXII	DA RECOMPENSA POR INCRIMINAÇÃO	69

CAPÍTULO XXIII	PROPORÇÃO ENTRE DELITOS E PENAS	71
CAPÍTULO XXIV	DOSIMETRIA DAS PENAS	73
CAPÍTULO XXV	A ESCALA DAS PENAS	75
CAPÍTULO XXVI	CRIMES CONTRA A SEGURANÇA NACIONAL	77
CAPÍTULO XXVII	CRIMES CONTRA A SEGURANÇA PESSOAL — ATOS DE VIOLÊNCIA — PENALIDADES PREVISTAS AOS NOBRES	78
CAPÍTULO XXVIII	DAS INJÚRIAS E DA HONRA	81
CAPÍTULO XXIX	DUELOS	84
CAPÍTULO XXX	ROUBOS	85
CAPÍTULO XXXI	CONTRABANDO	86
CAPÍTULO XXXII	DOS DEVEDORES	88
CAPÍTULO XXXIII	DA TRANQUILIDADE PÚBLICA	91
CAPÍTULO XXXIV	DA IMPRODUTIVIDADE POLÍTICA	92
CAPÍTULO XXXV	SUICÍDIO E AUSÊNCIA	93
CAPÍTULO XXXVI	DELITOS DIFÍCEIS DE SEREM PROVADOS	97
CAPÍTULO XXXVII	DO TIPO PARTICULAR DE CRIME	100
CAPÍTULO XXXVIII	FALSAS IDEIAS DE UTILIDADE	102
CAPÍTULO XXXIX	DO ESPÍRITO DE FAMÍLIA	104
CAPÍTULO XL	DO TESOURO	107
CAPÍTULO XLI	A PREVENÇÃO DE DELITOS — DO CONHECIMENTO — MAGISTRADOS — RECOMPENSAS — EDUCAÇÃO	109
CAPÍTULO XLII	CONCLUSÃO	115

CRIMES E PUNIÇÕES **116**

CAPÍTULO I	A VIDA E O CARÁTER DE BECCARIA	117
CAPÍTULO II	A INFLUÊNCIA GERAL DE BECCARIA NA LEGISLAÇÃO	137
CAPÍTULO III	A INFLUÊNCIA DE BECCARIA NA INGLATERRA	151
CAPÍTULO IV	OS PROBLEMAS DA CRIMINOLOGIA	167

PREFÁCIO

A razão para traduzir novamente a obra de Beccaria "Dei delitti e delle pene" (*Dos delitos e das penas*) é por se tratar de uma obra clássica de seu gênero e que o interesse por ela ainda está longe de ser meramente histórico.

Ela foi traduzida para o inglês há muito tempo, mas a mudança na ordem dos vários capítulos e parágrafos pela qual a obra passou antes de ser revestida em sua roupagem final é tão grande que a nova tradução e a antiga realmente constituem livros bastante diferentes.

O objetivo dos capítulos preliminares é colocar luz sobre a importância histórica do original e aumentar o interesse dos assuntos que ele discute.

O tradutor se absteve de qualquer crítica ou comentário do original, menos por concordar completamente com todas suas ideias do que pela convicção de que as anotações são mais frequentemente vexatórias do que proveitosas, e é melhor deixar que o leitor as faça por si mesmo. Não há praticamente uma frase no livro sobre a qual um comentarista não possa ser prolixo.

Combinar o máximo da qualidade de ser claro e fácil de entender com o máximo de fidelidade ao original foi o princípio fundamental observado na tradução. Mas teria sido, é claro, não menos impossível do que contrário ao espírito do original tentar tornar perfeitamente compreensível o que o autor propositalmente envolveu em obscuridade. Uma tradução só pode seguir as luzes e sombras da superfície que reflete, tornando claro o que é claro no original e opaco o que é opaco.

AO LEITOR

Alguns resquícios das leis de um antigo povo conquistador, que um príncipe que reinou em Constantinopla há cerca de 1.200 anos ordenou que fossem compilados, misturados posteriormente com os ritos lombardos e empacotados nos diversos volumes de comentaristas particulares e obscuros – são esses os elementos que formam o conjunto de opiniões tradicionais que, em grande parte da Europa, recebem o nome de leis; e até hoje é um fato, tão desastroso quanto comum, que alguma opinião de Carpzov[1], algum costume antigo apontado por Clarus[2], ou alguma forma de tortura sugerida em termos de ferocidade complacente por Prospero Farinacci, constituem as leis, tão descuidadamente seguidas por aqueles que, com todo o tremor, deveriam exercer seu governo sobre as vidas e fortunas dos homens. Essas leis, resíduos das eras mais bárbaras, são examinadas neste livro no que diz respeito à jurisprudência criminal, e ousei expor suas falhas aos gestores da segurança pública em um estilo que pode manter distante a multidão não esclarecida e intolerante. O espírito de investigação franca em busca da verdade, de liberdade em relação a opiniões comuns, no qual este livro foi escrito, é resultado do governo ameno e esclarecido sob o qual o autor vive. Os grandes monarcas, os benfeitores da humanidade, que são agora nossos governantes, amam as verdades expostas, com força, mas sem fanatismo, pelo obscuro filósofo, que só é despertado para a indignação pelos excessos da tirania, mas é contido pela razão; e os abusos existentes, para quem quer que estude bem todas as circunstâncias, são a sátira e a reprovação de eras passadas, e de forma alguma da era atual ou de seus legisladores.

---

1   Benedikt Carpzov (1595-1666) foi um jurista e advogado alemão. É considerado um dos pais da jurisprudência alemã. Carpzovius é lembrado como um autor conservador, ordenado e conciso, que, no entanto, fez uma contribuição fundamental para a promulgação de um sistema jurídico independente no Sacro Império Romano-Germânico. Sua obra, intitulada *Practica Rerum Criminalium*, de 1635, tratava do julgamento de acusados de bruxaria, apoiando o uso de tortura para extrair confissões dos acusados (BENEDIKT CARPZOV. **Encyclopaedia Britannica**. v. 5 (11th ed.). Cambridge University Press, 1911, p. 399).
2   Giulio Claro ou Clarus (1525-1575) foi um jurista e funcionário público italiano do Renascimento.

Portanto, quem quer que deseje me honrar com suas críticas, gostaria que começasse com uma compreensão completa do propósito de meu trabalho – um propósito que, longe de diminuir a autoridade legítima, servirá para aumentá-la, se a opinião puder ter mais efeito sobre as mentes dos homens do que a força, e se a suavidade e a humanidade do governo o justificarem aos olhos de todos os homens. As críticas mal concebidas que foram publicadas contra este livro são baseadas em noções confusas, e me obrigam a interromper por um momento os argumentos que eu estava dirigindo aos meus leitores esclarecidos, a fim de fechar de uma vez todas as portas contra as interpretações errôneas do fanatismo tímido ou contra as calúnias da malícia e da inveja.

Há três fontes de princípios morais e políticos que governam a humanidade, a saber, a revelação, a lei natural e as convenções sociais. No que diz respeito a seu principal objetivo, não há comparação entre a primeira e as outras duas, mas todas se assemelham no fato de que as três contribuem para a felicidade da presente vida mortal. Considerar as diferentes relações das convenções sociais não é excluir as da revelação e da lei natural; ao contrário, são as mil vezes maiores mudanças que a revelação e a lei natural, por mais divinas e imutáveis que sejam, sofreram na mente depravada do ser humano, pela própria culpa, por causa de falsas religiões e noções arbitrárias de virtude e vício, que fazem que pareça necessário examinar, além de todas as outras considerações, o resultado de convenções puramente humanas, expressas ou implícitas, para a necessidade e o bem-estar públicos. Essa é uma ideia com a qual todas as seitas e todos os sistemas morais devem necessariamente concordar; e sempre será um esforço louvável, que busca forçar os obstinados e incrédulos a se conformarem com os princípios que induzem os homens a viverem juntos em sociedade. Há, portanto, três tipos distintos de virtude e vício – o religioso, o natural e o político. Esses três tipos nunca devem entrar em conflito, embora todas as consequências e deveres que fluem de qualquer um deles não fluam necessariamente dos outros. A lei natural não exige tudo o que a revelação exige nem a lei puramente social exige tudo o que a lei natural exige, mas é muito importante distinguir as consequências da lei convencional, isto é, dos acordos expressos ou tácitos entre os homens, das consequências da lei natural ou da revelação, porque aí reside o limite desse poder, que pode ser corretamente exercido entre indivíduo e indivíduo sem um mandato especial do Ser Supremo. Consequentemente, pode-se dizer que a ideia de virtude política é variável, sem qualquer prejuízo para ela; a de virtude natural seria sempre clara e manifesta, se não fosse obscurecida pela estupidez ou pelas paixões dos homens; ao passo que a ideia de virtude religiosa permanece sempre a mesma em razão de ser revelada diretamente por Deus e por Ele preservada.

Seria, portanto, um erro atribuir princípios contrários à lei natural ou à revelação a alguém que apenas discute as convenções sociais e suas consequências, pelo fato de ele não as discutir. Seria um erro, quando ele fala de um estado de guerra como anterior a um estado de sociedade, entendê-lo no sentido de Hobbes, significando que nenhuma obrigação ou dever é anterior à existência da sociedade, em vez de entendê-lo como um fato que ocorre por causa da corrupção da natureza humana e da falta de qualquer sanção expressa. Seria um erro imputar como falha a um escritor que está considerando os resultados do pacto social o fato de ele não admiti-los como pré-existentes à formação do próprio pacto.

A justiça divina e a justiça natural são, em sua essência, imutáveis e constantes, porque a relação entre coisas semelhantes é sempre a mesma; mas a justiça humana ou política, não sendo nada mais do que uma relação entre uma determinada ação e um determinado estado da sociedade, pode variar de acordo com a necessidade ou utilidade dessa ação para a sociedade. Sequer essa justiça é facilmente discernível, exceto por quem analisa as relações complexas e muito mutáveis das combinações civis. Quando esses princípios, essencialmente distintos, tornam-se confusos, não há mais esperança de um raciocínio sólido sobre questões públicas. Cabe ao teólogo fixar os limites entre o justo e o injusto, no que diz respeito à bondade ou maldade intrínseca de um ato; fixar as relações entre o politicamente justo e o injusto cabe ao publicista; tampouco pode um objeto causar qualquer prejuízo ao outro, quando é óbvio como a virtude que é puramente política deve dar lugar àquela virtude imutável que emana de Deus.

Quem quer que, então, repito, honre-me com suas críticas, que não comece supondo que eu defenda princípios destrutivos da virtude ou da religião, já que mostrei que esses não são meus princípios. Mas, em vez de provar que sou um infiel ou um rebelde, que consiga considerar que tenho falta de capacidade de raciocinar ou que seja um político míope. Mas que ele não trema diante de qualquer proposta em nome dos interesses da humanidade; que ele me convença da inutilidade ou do possível prejuízo político de meus princípios; que ele me prove a vantagem das práticas recebidas. Dei um testemunho público de minha religião e de minha submissão ao meu soberano em minha resposta à obra *Notas e observações*[3], responder a outros escritos de natureza semelhante seria supérfluo; mas quem quer que escreva com aquela graça que se torna um indivíduo honesto e com aquele conhecimento que me livrará da prova dos primeiros princípios, de qualquer caráter que seja, encontrará em mim não tanto uma pessoa ansiosa por responder quanto um amante pacífico da verdade.

---

3 FACCHINEI, Ferdinando. *Note ed osservazioni sul libro intitolato Dei delitti, e delle pene*. Segundo a edição de "Dos delitos e das penas" de Franco Venturi (Editora Giulio Einaudi, 1994), "Ferdinando Facchinei, que publicou *Notas e observações sobre o livro intitulado Dei delitti e delle pene*, em Veneza, em 1765, o livro de Beccaria é descrito como uma das 'muitas obras horríveis e monstruosas que os espíritos supostamente fortes nos deram'. Facchinei pretendia combater o espírito da obra de Beccaria, a reivindicação da igualdade dos homens perante a lei, a ideia de uma sociedade baseada no contrato entre seus membros, a separação do conceito de crime do conceito de pecado. Ideias que estavam na raiz do livro de Beccaria foram consideradas falhas, heresias e horrores pelo frade, que em seu livro perguntou sobre a igualdade: 'Como? [Beccaria, então] ensinaria que aquele que esbofeteia um carregador covarde deve ser punido da mesma forma que aquele que comete tal ataque a um general do exército?' Polemizou a ideia do contrato social dos homens ao afirmar 'Quem é aquele homem livre, e especialmente se ele fosse algum espírito forte, que quer se submeter ao governo de seus pares?'". Facchinei chegou a defender com energia incomum e vigor particular a pena de morte, a tortura, as denúncias secretas e o tribunal da inquisição. (Letteratura Italia. Disponível em: https://www.letteraturaitalia.it/cesare-beccaria-dei-delitti-e-delle-pene/. Acesso em: 8 jun. 2023).

MARQUÊS CESARE BECCARIA

DOS DELITOS E DAS PENAS

"Em todas as coisas mais difíceis, não se deve esperar que alguém semeie e colha ao mesmo tempo, pois é necessário um período de espera para que gradualmente atinjam a maturidade" — Bacon.

CAPÍTULO I
INTRODUCÃO

Os indivíduos, em sua maioria, deixam a regulamentação de suas principais preocupações para a prudência do momento ou para a discrição daqueles cujo interesse é se opor às leis mais sábias, a saber, aquelas que naturalmente ajudam a difundir os benefícios da vida e a verificar a tendência que eles têm de se acumular nas mãos de poucos, o que abrange, de um lado, o extremo do poder e da felicidade e, de outro, tudo o que é fraco e miserável. É, portanto, somente depois de ter passado por mil erros em assuntos que mais de perto tocam suas vidas e liberdades, somente depois do cansaço dos males que foram sofridos para atingir um clímax, que os seres humanos são induzidos a buscar um remédio para os abusos que os oprimem e a reconhecer as verdades mais claras, que, precisamente por causa de sua simplicidade, escapam à atenção das mentes comuns, desacostumadas que estão a analisar as coisas e aptas a receber suas impressões de qualquer maneira, da tradição, e não da investigação.

Veremos, se abrirmos as histórias, que as leis, que são ou deveriam ser pactos entre pessoas livres, geralmente não têm sido nada além do instrumento das paixões de alguns poucos indivíduos, ou o resultado de alguma necessidade acidental e temporária. Eles nunca foram ditados por um estudante impassível da natureza humana, capaz de concentrar as ações de uma multidão de seres humanos em um único ponto de vista e considerá-las apenas por esse ponto – a maior felicidade dividida entre o maior número. Felizes são as poucas nações que não esperaram que o lento movimento das combinações e mudanças humanas causasse uma aproximação de coisas melhores depois de males intoleráveis, mas que apressaram os passos intermediários por meio de boas leis; e é merecedor da gratidão da humanidade aquele filósofo que teve a coragem, da obscuridade de seu desprezado estudo, de espalhar entre o povo as primeiras sementes, por tanto tempo infrutíferas, de verdades úteis.

O conhecimento das verdadeiras relações entre um soberano e seus súditos, e daquelas entre diferentes nações. O renascimento do comércio pela luz das verdades filosóficas, difundidas pela impressão. A silenciosa guerra internacional da indústria, a mais humana e a mais digna dos seres humanos racionais – esses são os frutos que devemos ao esclarecimento deste século. Mas quão poucos examinaram e combateram a crueldade das punições e as irregularidades dos procedimentos criminais, uma parte da legislação tão elementar e, no entanto, tão negligenciada em quase toda a Europa. E quão poucos buscaram, por meio de um retorno aos primeiros princípios, dissipar os erros acumulados por muitos séculos, ou mitigar, pelo menos com aquela força que pertence apenas a verdades comprovadas, o capricho excessivo do poder mal direcionado que apresentou até agora apenas um longo exemplo de atrocidade legal e a sangue frio! No entanto, os gemidos dos fracos, sacrificados à crueldade dos ignorantes ou à indolência dos ricos, as torturas bárbaras, multiplicadas com uma severidade tão inútil quanto pródiga por crimes não provados ou completamente quiméricos, os horrores repugnantes de uma prisão, aumentados por aquilo que é o mais cruel carrasco dos miseráveis – a saber, a incerteza – esses deveriam assustar os governantes cuja função é guiar a opinião das mentes dos indivíduos.

O imortal Montesquieu tratou superficialmente desse assunto. A verdade, que é indivisível, forçou-me a seguir os passos luminosos desse grande homem. Mas, será que os indivíduos pensantes, para quem escrevo, serão capazes de distinguir meus passos dos dele. Feliz serei se, como ele, eu conseguir obter a gratidão secreta dos desconhecidos e pacíficos seguidores da razão, e se eu os inspirar com aquela agradável emoção com a qual as mentes sensíveis respondem ao defensor dos interesses da humanidade.

Examinar e distinguir todos os diferentes tipos de crimes e a maneira de puni-los seria agora nossa tarefa natural, não fosse o fato de sua natureza, que varia de acordo com as diferentes circunstâncias de tempos e lugares, obrigar-nos a entrar em uma massa de detalhes muito vasta e cansativa. Será suficiente indicar os princípios mais gerais e os erros mais perniciosos e comuns, a fim de não enganar tanto aqueles que, por um amor equivocado à liberdade, introduziriam a anarquia, quanto aqueles que ficariam felizes em reduzir seus semelhantes à regularidade uniforme de um convento.

Qual será a pena adequada para tais e tais crimes?

A pena de morte é realmente útil e necessária para a segurança e a boa ordem da sociedade?

A tortura e os tormentos são justos e atingem o fim que a lei almeja?

Qual é a melhor maneira de prevenir crimes?

As mesmas penalidades são igualmente úteis em todas as épocas?

Que influência elas exercem sobre os costumes?

Esses problemas merecem ser resolvidos com uma precisão geométrica que seja suficiente para prevalecer sobre as nuvens da sofisticação, sobre a eloquência sedutora ou a dúvida tímida. Se eu não tivesse outro mérito senão o de ter sido o primeiro a tornar mais claro para a Itália o que outras nações ousaram escrever e estão começando a praticar, eu me consideraria afortunado. Mas se ao defender os direitos dos seres humanos e a verdade incontestável eu contribuir para resgatar dos espasmos e agonias da morte qualquer vítima infeliz da tirania ou da ignorância, ambas igualmente fatais, as bênçãos e lágrimas de um único indivíduo inocente transformadas em sua alegria me consolariam do desprezo da humanidade.

CAPÍTULO II
A ORIGEM DAS PENAS — O DIREITO DE PUNIR

Não se pode esperar nenhuma vantagem duradoura da moralidade política, a menos que esteja fundamentada nos sentimentos imutáveis da humanidade. Qualquer lei que se desvie desses sentimentos encontrará uma resistência capaz de prevalecer sobre ela, da mesma forma que uma força, por menor que seja, se for aplicada constantemente, prevalecerá sobre um movimento violento aplicado a qualquer corpo físico.

Se consultarmos o coração humano, descobriremos nele os princípios fundamentais do direito real do soberano de punir crimes.

Nenhum ser humano se separou gratuitamente de uma porção da própria liberdade com vistas ao bem público. Isso é uma ilusão que só existe em romances. Cada um de nós desejaria, se fosse possível, que as convenções que vinculam os outros não vinculassem a eles próprios. Não há indivíduo que não faça de si mesmo o objeto central de todas as combinações do globo.

A multiplicação da raça humana, pequena em abstrato, mas muito além dos meios oferecidos pela natureza, estéril e deserta como era originalmente, para a satisfação das necessidades sempre crescentes dos indivíduos, fez com que os primeiros selvagens se associassem. As primeiras uniões necessariamente levaram outros a se oporem a elas, e assim o estado de guerra passou de indivíduos a nações.

As leis são as condições sob as quais os seres humanos, levando vidas independentes e isoladas, uniram-se em sociedade em razão de estarem cansados de viver em um estado perpétuo de guerra e de desfrutar de uma liberdade que a incerteza de sua posse tornava inútil. Dessa liberdade, eles sacrificaram voluntariamente uma parte, a fim de desfrutar do restante com segurança e tranquilidade. A soma total de todas essas porções de liberdade, sacrificadas para o bem de cada um individualmente, constitui a soberania de uma nação, e o soberano é o fiel depositário e administrador legal dessas porções. Mas, além de formar esse fundo fiduciário, ou depósito, era necessário protegê-lo das invasões de indivíduos, cujo objetivo sempre foi não apenas recuperar do fundo o próprio legado, mas apropriar-se das contribuições de outros. Portanto, "motivos sensatos" eram necessários para desviar a vontade despótica do indivíduo de mergulhar novamente no caos primitivo formado pelas leis da sociedade. Tais motivos foram encontrados nas punições, estabelecidas contra os transgressores das leis, e eu os chamo de motivos sensatos porque a experiência tem mostrado que a maioria dos seres humanos não adota regras fixas de conduta, tampouco evita aquele princípio universal de dissolução, observável tanto no mundo moral quanto no físico, a não ser por motivos que atingem diretamente os sentidos e se apresentam constantemente à mente, contrabalançando as fortes impressões das paixões privadas, opostas como são ao bem-estar geral. Nem a eloquência nem as declamações, sequer as verdades mais sublimes jamais foram suficientes para refrear as paixões por qualquer período de tempo, quando excitadas pela força viva de objetos presentes.

Como, então, foi a necessidade que constrangeu os seres humanos a cederem uma parte de suas liberdades individuais, é certo que cada um só colocaria no depósito geral a menor porção possível – apenas o suficiente para induzir outros a defendê-la. O conjunto dessas porções mínimas possíveis constitui o direito de punição, ou seja, tudo o que estiver além disso será um abuso, e não justiça, um fato, mas não um direito[4]. Punições que excedem o que é necessário para preservar o depósito da segurança pública são, em sua natureza, injustas; e quanto mais justas forem as punições, mais sagrada e inviolável será a segurança pessoal e maior será a liberdade que o soberano preserva para seus súditos.

---

4 Nota de Beccaria: Observe que a palavra "direito" não se opõe à palavra "força", mas a primeira é mais uma modificação da segunda, ou seja, a modificação mais vantajosa para o maior número de pessoas. E por justiça não quero dizer outra coisa senão a corrente necessária para manter unidos os interesses privados e impedir que eles se rompam no estado original de insociabilidade.

CAPÍTULO III
DAS CONSEQUÊNCIAS

A primeira consequência desses princípios é que somente as leis podem decretar punições para crimes, e essa autoridade só pode recair sobre o legislador, que representa a sociedade coletiva unida por um contrato social. Nenhum magistrado (que faz parte da sociedade) pode infligir punições com justiça a outro membro da mesma sociedade. Entretanto, desde que uma punição que exceda o limite legalmente fixado seja a punição legal acrescida de outra, um magistrado pode, sob o pretexto de zelo ou manutenção de um bem público, aumentar a penalidade já decretada contra um cidadão delinquente.

A segunda consequência é que o soberano, que representa a própria sociedade, só pode formar leis gerais, obrigatórias para todos. Ele não pode julgar se alguém em particular quebrou o pacto social[5], pois nesse caso a nação estaria dividida em duas partes, uma representada pelo soberano, afirmando a violação de tal contrato, ao passo que a outra representaria o acusado, negando essa acusação. Daí a necessidade de uma terceira pessoa para julgar o fato, em outras palavras, de um magistrado, cujas decisões consistirão simplesmente em afirmações ou negações de fatos particulares, e também não estarão sujeitas a apelação.

A terceira consequência é a seguinte: se fosse provado que a severidade das punições era simplesmente inútil (para não dizer que era diretamente oposta ao bem público e ao próprio objetivo de prevenir crimes), mesmo nesse caso ela seria contrária não apenas àquelas virtudes benéficas que fluem de uma razão esclarecida, que prefere governar sobre seres humanos felizes do que sobre um bando de escravizados, vítimas constantes de uma crueldade tímida, mas também seria contrária à justiça e à natureza do próprio contrato social.

---

5   As concepções de Estado e de governo para Montesquieu, a formação de um pacto social, é a ideia de que o ser humano cria as próprias leis e um conjunto de instituições a fim de tornar a convivência entre os indivíduos mais harmoniosa. Segundo esse filósofo, "a lei, em geral, é a razão humana, enquanto governa todos os povos da terra; e as leis políticas e civis de cada nação devem ser apenas casos particulares onde se aplica esta razão humana. Devem ser tão próprias de cada povo para o qual foram feitas que seria um acaso muito grande se as leis de uma nação pudessem servir a outras" (MONTESQUIEU, Charles Louis de. **O espírito das leis**. Tradução: Cristina Murachco. São Paulo: Martins Fontes, 2005, p. 16)

CAPÍTULO IV
INTERPRETAÇÃO DAS LEIS

Há também uma quarta consequência dos princípios expostos no capítulo anterior: o fato de que a autoridade para interpretar as leis penais não pode recair sobre os juízes criminais, pela própria razão de que eles não são legisladores. Os juízes não receberam as leis de nossos antepassados como uma tradição familiar, como um legado que só deixou para a posteridade o dever de obedecê-las, mas as recebem da sociedade viva, ou do soberano que a representa e é o legítimo depositário do resultado real das vontades coletivas dos seres humanos. Os magistrados as recebem, não como obrigações decorrentes de um juramento antigo[6] (nulo, porque vinculava vontades não existentes na época, e iníquo, porque reduzia os homens de um estado de sociedade para o de um rebanho), mas como o resultado do juramento tácito ou expresso feito ao soberano pelas vontades unidas de súditos vivos, como cadeias necessárias para conter e regular os distúrbios causados por interesses privados. Essa é a fonte natural e real da autoridade das leis.

Quem, então, será o intérprete legítimo das leis? Será o soberano, o administrador das vontades reais de todos, ou o juiz, cuja única função é examinar se um ou outro ser humano cometeu um ato ilegal ou não?

Em todo caso criminal um juiz deve formar uma dedução silogística completa, na qual a declaração da lei geral constitui a premissa maior; a conformidade ou não conformidade de uma ação específica com a lei, a premissa menor; e a absolvição ou punição, a conclusão. Quando um

---

6   Nota de Beccaria: Se todo indivíduo está vinculado à sociedade, a sociedade não está menos vinculada a todo indivíduo por um contrato que é necessariamente obrigatório para ambos os lados. Essa obrigação, que desce do trono até a cabana, que vincula igualmente o maior e o mais miserável dos seres humanos, não significa nada além do fato de que é do interesse de todas as pessoas que as convenções vantajosas para o maior número sejam observadas. A palavra "obrigação" é uma daquelas que são muito mais frequentes na ética do que em qualquer outra ciência, e que são o símbolo abreviado de uma linha de raciocínio, e não de uma única ideia. Procure uma ideia que corresponda à palavra "obrigação" e você a procurará em vão; raciocine sobre ela e você entenderá a si mesmo e será entendido pelos outros.

juiz é obrigado, ou fizer pela própria vontade, a deduzir mais do que dois silogismos, abre-se a porta para a incerteza.

Nada é mais perigoso do que este axioma comum: "Devemos consultar o espírito das leis". É como romper uma barragem diante da torrente de opiniões. Essa verdade, que parece um paradoxo para as mentes comuns, mais impressionadas com um pequeno inconveniente presente do que com as consequências perniciosas, mas remotas, que decorrem de um falso princípio enraizado entre um povo, parece-me estar demonstrada. Nosso conhecimento e todas as nossas ideias estão reciprocamente conectados, e quanto mais complicados eles forem, mais numerosas serão as abordagens a eles e os pontos de partida. Cada indivíduo tem o próprio ponto de vista – um ponto de vista diferente em momentos diferentes; de modo que "o espírito das leis" significaria o resultado de uma lógica boa ou ruim por parte de um juiz, de uma digestão fácil ou difícil; dependeria ora da violência de suas paixões, ora da debilidade do sofredor, da relação entre o juiz e o demandante, ou de todas aquelas forças minuciosas que mudam as aparências de tudo na mente flutuante do ser humano. É por isso que vemos o destino de um cidadão ou de uma cidadã mudar várias vezes em sua passagem de um tribunal para outro; que vemos as vidas de infelizes à mercê dos falsos raciocínios ou do capricho temporário de um juiz, que toma como seu cânone legítimo de interpretação o resultado vago de toda aquela série confusa de noções que afetam sua mente. É por isso que vemos os mesmos crimes serem punidos de forma diferente pelo mesmo tribunal em épocas distintas, por causa do fato de ele ter consultado não a voz constante e fixa das leis, mas as próprias interpretações instáveis e errôneas.

Nenhum inconveniente que possa surgir de uma estrita observância da letra das leis penais deve ser comparado com os inconvenientes de submetê-las à interpretação. O inconveniente momentâneo no primeiro caso envolve, de fato, a correção das palavras da lei que são a causa da incerteza, uma tarefa fácil e necessária; mas a licença fatal de argumentar, a fonte de tantas disputas arbitrárias e venais, será evitada. Quando um código fixo de leis, que deve ser observado ao pé da letra, não deixa ao juiz nenhum outro problema além de investigar as ações dos cidadãos e decidir sobre sua conformidade com a lei escrita; quando o padrão de justo e injusto, que deve direcionar igualmente tanto as ações do cidadão ignorante quanto as do filósofo, não é uma questão de controvérsia, mas de fato. Então, as pessoas não estarão mais sujeitas às pequenas tiranias de muitos indivíduos, que são ainda mais cruéis em razão da menor distância que separa o sofredor do infligidor do sofrimento, e que são mais perniciosas do que as tiranias de um único ser humano, já que o despotismo de muitos só pode ser curado pelo de um, e a crueldade de um déspota é proporcional não ao poder que ele possui, mas aos obstáculos que encontra. Sob um código fixo de leis, os cidadãos adquirem essa consciência de segurança pessoal, que é justa, porque é o objetivo da existência social, e que é útil, porque permite que eles calculem exatamente as consequências negativas de um delito. É verdade que eles também adquirirão um espírito de independência, mas não um espírito que busque abalar as leis e se rebelar contra os principais magistrados, exceto contra aqueles que ousaram aplicar o nome sagrado de virtude a uma submissão sem espírito a suas opiniões caprichosas e egoístas. Esses princípios desagradarão àqueles que assumiram o direito de transferir para seus subordinados os golpes de tirania que eles próprios sofreram de seus superiores. Pessoalmente, eu teria tudo a temer, se o espírito de tirania e o espírito de leitura andassem juntos.

CAPÍTULO V
OBSCURIDADE DAS LEIS

Se a interpretação das leis é um mal, é claro que sua obscuridade, que necessariamente envolve interpretação, também deve ser um mal, e um mal que será pior quando as leis forem escritas em qualquer outro idioma que não seja o vernáculo de um país. Pois, nesse caso, o povo, sendo incapaz de julgar por si mesmo como isso pode afetar sua liberdade ou seus membros, torna-se dependente de uma pequena classe de indivíduos. Assim, um livro que deveria ser sagrado e aberto a todos torna-se, em função de seu idioma, um manual particular e, por assim dizer, familiar.

Quanto maior o número de pessoas que entendem e têm em suas mãos o código sagrado das leis, menor será o número de crimes cometidos, pois não há dúvida de que a ignorância e a incerteza das punições ajudam a eloquência das paixões. No entanto, o que devemos pensar da humanidade, quando refletimos que essa condição das leis é o costume inveterado de grande parte da Europa cultivada e esclarecida?

Uma consequência dessas últimas reflexões é que, sem escrever, nenhuma sociedade jamais assumirá uma forma fixa de governo segundo o qual o poder pertencerá ao todo social, e não somente a algumas partes, e na qual as leis, alteráveis apenas pela vontade geral, não sofrerão corrupção em sua passagem pela multidão de interesses privados. A experiência e a razão nos ensinaram que a probabilidade e a certeza das tradições humanas diminuem em proporção à distância de sua fonte. Portanto, se não houver um memorial permanente do contrato social, como as leis resistirão à força inevitável do tempo e da paixão?

Com base nisso vemos quão útil é a arte da impressão, que faz do público, e não de alguns indivíduos, os guardiões das leis sagradas, e que dispersou aquele espírito sombrio de intriga, destinado a desaparecer diante do conhecimento e das Ciências, que, embora aparentemente desprezados, na realidade são temidos por aqueles que seguem seu rastro. Essa é a razão pela qual vemos na Europa a diminuição daqueles crimes atrozes que afligiam nossos ancestrais e os tornavam, por sua vez, tiranos ou escravos. Quem quer que conheça a história de dois ou três séculos atrás e a nossa, pode ver que do colo da luxúria e da delicadeza excessiva surgiram as mais agradáveis de todas as virtudes humanas, a humanidade, a caridade e a tolerância aos erros humanos; ele saberá quais foram os resultados daquilo que é tão erroneamente chamado de "simplicidade e honestidade à moda antiga". A humanidade gemendo sob uma implacável superstição, a avareza e a ambição de alguns poucos tingindo com sangue humano as arcas douradas e os tronos dos reis, assassinatos secretos e massacres públicos, todo nobre um tirano para o povo, os ministros da verdade do Evangelho poluindo com sangue as mãos que todos os dias entravam em contato com o Deus da misericórdia – essas não são as obras dessa era iluminada, que alguns, no entanto, chamam de corrupta.

CAPÍTULO VI
APRISIONAMENTO

Um erro, não menos comum do que contrário ao objetivo da sociedade – ou seja, à consciência da segurança pessoal – é deixar que um magistrado seja o executor arbitrário das leis, livre para a seu bel-prazer prender um cidadão, privar um inimigo pessoal de sua liberdade sob pretextos frívolos ou deixar um amigo impune, apesar das mais fortes provas de sua culpa. A prisão é uma punição que, ao contrário de qualquer outra, deve necessariamente ser precedida da declaração de culpa, mas esse caráter distintivo não a priva da outra característica essencial da punição, a saber, que somente a lei deve determinar os casos em que ela será merecida. Cabe à lei, portanto, indicar a quantidade de provas de um crime que justificará a detenção do acusado e sua sujeição a julgamento e à posterior punição. Para tal detenção, pode haver provas suficientes na denúncia comum, na fuga de um homem, em uma confissão não judicial ou na confissão de um cúmplice; nas ameaças de um homem contra a pessoa ferida ou em sua constante inimizade com ela; em todos os fatos do crime e em indicações semelhantes. Mas essas provas devem ser determinadas pelas leis, não pelos juízes, cujas decisões, quando não são aplicações particulares de uma máxima geral em um código público, são sempre adversas à liberdade política. Quanto mais as punições forem atenuadas, a miséria e a fome forem banidas das prisões, a piedade e a misericórdia forem admitidas em suas portas de ferro e colocadas acima dos inexoráveis e endurecidos operadores da Justiça, menores serão as evidências de culpa necessárias para a detenção legal do suspeito.

Um homem acusado de um crime, preso e absolvido, não deve ter nenhuma marca de desgraça. Quantos romanos, acusados dos crimes mais graves e, depois, considerados inocentes foram reverenciados pelo povo e honrados com cargos de magistério! Por que razão, então, o destino de um homem inocentemente acusado é tão diferente em nossos dias? Porque, no sistema criminal atualmente em voga, a ideia de força e poder é mais forte nas mentes dos indivíduos do que a ideia de justiça; porque acusados e condenados são jogados em confusão na mesma masmorra; porque a prisão é antes a punição de um ser humano do que sua mera custódia; e porque as duas forças que deveriam estar unidas estão separadas uma da outra, a saber, a força interna, que protege as leis, e a força externa, que defende o trono e a nação. Se elas estivessem unidas, a primeira, por meio da sanção comum das leis, possuiria, além disso, uma capacidade judicial, embora independente daquela possuída pelo poder judicial supremo; e a glória que acompanha a pompa e a cerimônia de um corpo militar removeria a infâmia, que, como todos os sentimentos populares, está mais ligada à maneira do que à coisa, como é provado pelo fato de que as prisões militares não são consideradas, na estimativa pública, tão vergonhosas quanto as civis. Ainda permanecem entre nosso povo, em seus costumes e em suas leis (sempre cem anos, em termos de mérito, atrasados em relação ao real esclarecimento de uma nação), mas ainda permanecem, eu diria, as impressões selvagens e as ideias ferozes de nossos ancestrais do Norte.

CAPÍTULO VII
PROVAS E FORMAS DE JULGAMENTO

Há um teorema geral que é muito útil para calcular a certeza de um fato, por exemplo, a força das provas no caso de um determinado crime.

1. Quando as provas de um fato dependem umas das outras – ou seja, quando cada prova individual se baseia no peso de alguma outra – então, quanto mais numerosas forem as provas, menor será a probabilidade do fato em questão, porque as chances de erro nas provas preliminares aumentariam a probabilidade de erro nas provas seguintes.

2. Quando todas as provas de um fato dependem igualmente de uma única, seu número não aumenta nem diminui a probabilidade do fato em questão, porque seu valor total se resolve no valor da única prova da qual dependem.

3. Quando as provas são independentes umas das outras – ou seja, quando não derivam seu valor umas das outras – então, quanto mais numerosas forem as provas apresentadas, maior será a probabilidade do fato em questão, porque a falsidade de uma prova não afeta de forma alguma a força de outra.

Falo de probabilidade em conexão com crimes que, para merecerem punição, devem ser provados. Mas o paradoxo só é aparente se refletirmos que, a rigor, a certeza moral é apenas uma probabilidade, mas uma probabilidade que é chamada de certeza, porque toda pessoa sensata necessariamente concorda com ela, por uma força de hábito que surge da necessidade de agir e que é anterior a toda especulação. A certeza necessária para comprovar que um indivíduo é um criminoso é, portanto, a mesma que determina todas as pessoas nas ações mais importantes de sua vida. As provas de um crime podem ser divididas em "perfeitas" e "imperfeitas", sendo que as primeiras são de natureza tal que excluem a possibilidade de inocência de um indivíduo, e as últimas são tais que ficam aquém dessa certeza. No primeiro tipo, uma única prova é suficiente para a condenação; no segundo, ou tipo imperfeito, são necessárias tantas provas quantas forem suficientes para formar uma única prova perfeita, isto é, quando, embora cada prova considerada separadamente não exclua a possibilidade de inocência, sua convergência no mesmo ponto torna essa inocência impossível. Contudo, deve-se observar que as provas imperfeitas por meio das quais um acusado tem o poder de se justificar, mas se recusa a fazê-lo, tornam-se perfeitas. Essa certeza moral das provas, no entanto, é mais fácil de sentir do que de definir com exatidão, motivo pelo qual penso que a melhor lei é aquela que atribui ao juiz principal avaliadores, escolhidos por sorteio, não por seleção, havendo, nesse caso, mais segurança na ignorância que julga por sentimento do que no conhecimento que julga por opinião. Quando as leis são claras e precisas, a função de um juiz consiste apenas na certificação dos fatos. Se para procurar as provas de um crime são necessárias habilidade e inteligência, e se na apresentação do resultado a clareza e a precisão são essenciais, tudo o que é necessário para julgar o resultado é o bom senso simples e comum, uma faculdade que é menos falaciosa do que o conhecimento de um juiz, acostumado como está a desejar considerar os seres humanos culpados e a reduzir tudo a um sistema artificial emprestado de seus estudos. Feliz a nação em que as leis não são uma ciência! É uma lei muito útil que todos sejam julgados por seus iguais, porque quando a liberdade e os bens de um cidadão estão em jogo, os sentimentos que a desigualdade inspira não devem ter voz; aquele sentimento de superioridade com o qual o homem próspero considera o infeliz, e aquele sentimento de aversão com o qual um inferior considera seu superior, não têm espaço em um julgamento por seus iguais. Mas quando o crime em questão é um delito contra uma pessoa de categoria diferente da do acusado, então metade dos juízes deve ser igual ao acusado, e a outra metade igual ao querelante, para que, assim, todos os interesses particulares sendo equilibrados, pelos quais as aparências das coisas são involuntariamente modificadas, apenas as vozes das leis e da verdade possam ser ouvidas. Também está de acordo com a justiça que uma pessoa acusada tenha o poder, até certo ponto, de recusar juízes de quem possa suspeitar; e se lhe for permitido o exercício desse poder por algum tempo sem oposição, ele parecerá condenar a si mesmo. Os veredictos devem ser públicos, bem como as provas de culpa devem ser públicas, de modo que a opinião – que é, talvez, o único vínculo da sociedade que existe – possa controlar as explosões de força e paixão, e para que o povo possa dizer: "Não somos escravos sem defesa": um sentimento que os inspira com coragem e é tão bom quanto um tributo a um soberano que entende seu real interesse. Eu me abstenho de apontar outros detalhes e precauções que exigem regulamentos semelhantes. Eu não deveria ter dito nada, se fosse necessário dizer tudo.

CAPÍTULO VIII
DAS TESTEMUNHAS

É um ponto importante em todo bom sistema de leis determinar exatamente a credibilidade das testemunhas e as provas de culpa. Todo indivíduo razoável, isto é, toda pessoa com uma certa conexão entre suas ideias e com sentimentos como os de outros seres humanos, é capaz de testemunhar. A verdadeira medida de sua credibilidade é apenas o interesse que ele tem em falar ou não falar a verdade, de modo que nada pode ser mais frívolo do que rejeitar a evidência das mulheres sob o pretexto de sua fraqueza, nada mais infantil do que aplicar os resultados da morte real à morte civil no que diz respeito ao testemunho dos condenados, nada mais sem sentido do que insistir na marca da infâmia nos infames quando eles não têm interesse em mentir.

Entre outros abusos gramaticais, que têm certa influência sobre os assuntos humanos, é notável aquele que torna nula a evidência de um criminoso condenado. "Ele está morto civilmente", dizem enfaticamente os advogados exagerando sua expressão ou gestos ao argumentar, "e um homem morto é incapaz de qualquer ação". Em apoio a essa metáfora tola, muitas vítimas foram sacrificadas, e muitas vezes foi contestado com toda a seriedade se a verdade não deveria ceder às fórmulas judiciais. Desde que o testemunho de um criminoso condenado não chegue a ponto de interromper o curso da justiça, por que não deveria ser concedido um período adequado, mesmo após a condenação, tanto para a extrema miséria do criminoso quanto para os interesses da verdade, de modo que, ao apresentar novos fatos que alterem a narração do ocorrido, ele possa justificar a si mesmo ou a outros em um novo julgamento? Formas e cerimônias são necessárias na administração da justiça, porque não deixam nada ao livre-arbítrio do administrador; porque dão ao povo uma ideia de uma justiça que não seja confusa nem parcial, mas firme e regular; e porque os homens, escravos do hábito e da imitação, são mais influenciados por seus sentimentos do que por argumentos. Mas essas formas nunca podem, sem perigo fatal, ser tão firmemente fixadas pelas leis a ponto de prejudicar a verdade, que, por ser simples demais ou complexa demais, precisa de alguma suntuosidade externa para conciliar a população ignorante.

A credibilidade, portanto, de uma testemunha deve diminuir em proporção ao ódio, à amizade ou à estreita ligação entre ela e o acusado. Mais de uma testemunha é necessária, porque, ao tempo que uma afirma e outra nega, nada é provado, prevalecendo o direito que todos têm de serem considerados inocentes. A credibilidade de uma testemunha se torna sensivelmente menor quanto maior for a atrocidade do crime imputado[7], ou a improbabilidade das circunstâncias, como nas acusações de magia e ações injustificadamente cruéis. É mais provável, no que diz respeito à primeira acusação, que muitos homens mintam do que tal acusação ser verdadeira, porque é mais fácil para muitos indivíduos estarem unidos em um erro causado pela ignorância ou por um ódio perseguidor do que para uma pessoa exercer um poder que Deus não conferiu ou retirou de todo ser criado. O mesmo raciocínio vale também para a segunda acusação, pois o ser humano só é cruel na proporção de seu interesse em sê-lo, de seu ódio ou de seu medo. Falando corretamente, não há nenhum sentimento supérfluo na natureza humana, sendo que todo sentimento está sempre em estrita conformidade com as impressões feitas sobre os sentidos. Da mesma forma, a credibilidade de uma testemunha pode, às vezes, ser diminuída pelo fato de ela ser membro de alguma sociedade

---

[7] Nota de Beccaria: De acordo com os criminalistas, quanto maior a atrocidade do crime, maior a credibilidade da testemunha. Veja a máxima ditada pela mais cruel estupidez: se a suspeita for grave, então tudo seria válido para sua apuração. Traduza isso para a linguagem comum, e os europeus verão uma das muitas regras igualmente sem sentido às quais, quase sem saber, estão sujeitos. Nos crimes mais atrozes (isto é, nos menos prováveis), as menores conjecturas são suficientes, e o juiz pode legitimamente ultrapassar a lei. Práticas jurídicas absurdas geralmente são o resultado do medo, que é a principal fonte de todas as contradições humanas. Os legisladores (que, na verdade, são apenas advogados, autorizados pelo acaso a decidir sobre tudo e a se tornarem, de escritores interessados e venais, árbitros e legisladores sobre a sorte dos homens), alarmados com a condenação de alguma pessoa inocente, carregaram a jurisprudência com formalidades e exceções supérfluas, cuja exata observância faria que a anarquia se sentasse impunemente no trono da justiça. Em seu pavor diante de alguns crimes de natureza atroz e de difícil comprovação, eles se julgaram no direito, em razão da necessidade, de superar as próprias formalidades estabelecidas por eles mesmos; e assim, ora com impaciência despótica, ora com timidez feminina, transformaram julgamentos emblemáticos em uma espécie de peça teatral, na qual o risco e a atitude dissimulada e astuciosa desempenham o papel principal.

secreta, cujos propósitos e princípios não são bem compreendidos ou diferem daqueles de aceitação geral; pois tal indivíduo tem não apenas as próprias paixões, mas também as de outros.

Por fim, o depoimento de uma testemunha é quase nulo quando as palavras ditas são interpretadas como um crime. Pois o tom, o gesto, tudo o que precede ou segue as diferentes ideias atribuídas pelos indivíduos às mesmas palavras, altera e modifica de tal forma as declarações de um testemunho, que é quase impossível repeti-las exatamente como foram ditas. Além disso, ações de caráter violento e incomum, como são os crimes reais, deixam seus rastros nas inúmeras circunstâncias e efeitos que delas decorrem; e, em tais ações, quanto maior o número de circunstâncias apresentadas como prova, mais numerosas são as chances de o acusado tornar-se inocente. Mas as palavras permanecem apenas na memória de seus ouvintes, e a memória é, em sua maior parte, infiel e muitas vezes enganosa. Por essa razão, é muito mais fácil fixar uma calúnia nas palavras de uma pessoa do que em suas ações.

CAPÍTULO IX
ACUSAÇÕES ANÔNIMAS

Abusos evidentes, mas consagrados, que em muitas nações são os resultados necessários de uma constituição política fraca, são acusações anônimas. Pois elas tornam os homens falsos e reservados, e quem quer que suspeite que seu vizinho seja um informante, verá nele um inimigo. As pessoas, então, passam a mascarar seus verdadeiros sentimentos e, com o hábito de escondê-los dos outros, comportam-se de modo a escondê-los de si mesmos. Infelizes daqueles que chegaram a esse ponto, os quais, sem princípios claros e fixos para guiá-los, vagam perdidos e confusos no vasto mar de opiniões, sempre ocupados em se salvar dos horrores que os oprimem, com o momento presente sempre amargurado pela incerteza do futuro, e sem os prazeres duradouros da tranquilidade e da segurança, devorando com pressa indecorosa os poucos prazeres que ocorrem em intervalos raros em suas vidas melancólicas e mal os consolam pelo fato de terem vivido! É desses homens que podemos esperar fazer soldados intrépidos, defensores de seu país e de sua coroa? Será que é entre esses homens que encontraremos magistrados incorruptíveis, capazes de, com sua eloquência livre e patriótica, sustentar e desenvolver os verdadeiros interesses de seu soberano, prontos para, com o tributo que pagam, levar ao trono o amor e as bênçãos de todas as classes de homens e, a partir daí, trazer de volta aos palácios e casas de campo a paz e a segurança, e aquela esperança ativa de melhorar sua sorte, que é um fermento tão útil, ou melhor, que é a vida dos Estados?

Quem pode se proteger da calúnia, quando ela está armada com o mais forte escudo da tirania, o sigilo? Que tipo de governo pode existir quando o governante suspeitar que cada súdito seja um inimigo e, assim, torne-se obrigado, em nome da tranquilidade geral, a confiscar de cada indivíduo a sua posse?

Quais são os pretextos pelos quais as acusações e punições anônimas são justificadas? São eles o bem-estar público, a segurança e a manutenção da forma de governo? Mas que sociedade estranha é essa, onde aquele que tem a força do seu lado, e a opinião, que é ainda mais forte que a força, tem medo de cada cidadão? Então, a compensação do acusador é a desculpa? Nesse caso, as leis não o defendem suficientemente; e haverá súditos mais fortes que seu soberano? Ou será que é para salvar o informante da infâmia? A calúnia anônima é justa e legal, e a calúnia rubricada merece punição? É, então, a natureza do crime? Se ações indiferentes, ou mesmo ações úteis, são chamadas de crimes, então é claro que as acusações e os julgamentos nunca podem ser suficientemente secretos. Mas como pode haver crimes, ou seja, injúrias públicas, a menos que a publicidade desse exemplo, por meio de um julgamento público, seja ao mesmo tempo o interesse de todos os homens? Respeito todos os governos e não falo de nenhum em particular. Às vezes, as circunstâncias são tais que remover um mal pode parecer uma ruína total quando ele é inerente a um sistema nacional. Mas se eu precisasse ditar novas leis em qualquer canto esquecido do Universo minha mão tremeria e toda a posteridade se levantaria diante de meus olhos antes que eu autorizasse um costume como o das acusações anônimas.

Já foi observado por Montesquieu que as acusações públicas são mais adequadas às repúblicas, onde o bem público deve ser a primeira paixão dos cidadãos, do que às monarquias, onde esse sentimento é muito fraco por causa da natureza do próprio governo, e onde a nomeação de agentes para acusar os transgressores da lei em nome do público é uma instituição excelente. Mas todo governo, seja ele republicano, seja monárquico, deve infligir a um falso acusador a mesma punição que, se a acusação fosse verdadeira, teria recaído sobre o acusado.

CAPÍTULO X
PERGUNTAS INDUTORAS — DECLARAÇÃO POR ESCRITO

Nossas leis proíbem perguntas sugestivas (indutoras, que conduzem) em um processo judicial, isto é (de acordo com os doutores da lei), aquelas que, em vez de se aplicarem como deveriam ao gênero nas circunstâncias de um crime, referem-se à espécie; aquelas, em outras palavras, que por sua conexão imediata com um crime sugerem ao acusado uma resposta direta. As perguntas, de acordo com os advogados criminalistas, devem, por assim dizer, "envolver o fato principal em espiral e nunca o atacar em uma linha direta". As razões para esse método são ou para que o acusado não seja induzido a dar uma resposta capaz de colaborar com a acusação contra ele, ou talvez porque não pareça natural que ele se incrimine diretamente. Mas, qualquer que seja a razão, é notável a contradição entre a existência de tal costume e a autorização legal da tortura, pois, que interrogatório pode ser mais sugestivo do que a dor? A primeira razão se aplica à questão da tortura, porque a dor sugerirá a um indivíduo forte o silêncio obstinado, para que ele possa trocar a pena maior pela menor, ao passo que sugerirá a um indivíduo fraco a confissão, para que ele possa escapar do tormento presente, que tem mais influência sobre ele do que a dor que está por vir. A outra razão evidentemente também se aplica, pois se uma questão especial leva uma pessoa a confessar contra o direito natural, as agonias da tortura farão mais facilmente o mesmo. Mas os seres humanos são mais governados pela diferença de nomes do que pela diferença de coisas.

Finalmente, um indivíduo que, quando examinado, persiste em uma recusa obstinada de responder, merece uma punição fixada pelas leis, e uma das mais pesadas que elas possam infligir, para que os réus não possam, dessa forma, escapar do exemplo necessário que devem ao público. Mas essa punição não é necessária quando estiver além de qualquer dúvida que tal pessoa cometeu tal crime, sendo inúteis as perguntas, da mesma forma que a confissão, quando outras provas demonstram suficientemente a culpa. E esse último caso é o mais comum, pois a experiência prova que, na maioria dos julgamentos, os acusados costumam alegar inocência.

CAPÍTULO XI
JURAMENTOS

 Uma contradição entre as leis e os sentimentos naturais da humanidade surge dos juramentos que são exigidos de um acusado, no sentido de que ele será um homem verdadeiro quando seu maior interesse é ser falso; como se um indivíduo pudesse realmente jurar contribuir para a própria destruição, ou como se a religião não ficasse em silêncio com a maioria das pessoas quando seu interesse falasse do outro lado. A experiência de todas as épocas tem mostrado que os seres humanos têm abusado da religião mais do que de qualquer outra das preciosas dádivas do céu; e por que razão os criminosos deveriam respeitá-la, quando os indivíduos considerados os mais sábios a têm violado com frequência? Os motivos que a religião opõe ao tumulto do medo e ao amor à vida são muito fracos em razão de serem muito distantes dos sentidos, para a maioria das pessoas. Os assuntos do céu são conduzidos por leis absolutamente diferentes daquelas que governam os assuntos humanos; então, por que comprometer aqueles com estes? Por que colocar os homens no terrível dilema de pecar contra Deus ou contribuir para a própria ruína? A lei, de fato, que impõe tal juramento ordena que o homem seja um mau cristão ou um mártir. O juramento se torna gradualmente mera formalidade, destruindo a força dos sentimentos religiosos, que para a maioria das pessoas são a única garantia de sua honestidade. A experiência demonstrou a inutilidade dos juramentos, pois todo juiz me confirmará quando digo que nenhum juramento jamais fez um criminoso falar a verdade; e a mesma coisa é demonstrada pela razão, que declara que todas as leis são inúteis e, consequentemente, prejudiciais, pois se opõem aos sentimentos naturais do ser humano. Tais leis têm o mesmo destino de represas colocadas diretamente na corrente principal de um rio: ou elas são imediatamente derrubadas e submergidas, ou um redemoinho formado por elas mesmas as corrói e as mina imperceptivelmente.

CAPÍTULO XII
TORTURA

Uma crueldade consagrada entre a maioria das nações pelo costume é a tortura do acusado durante seu julgamento, sob o pretexto de obrigá-lo a confessar seu crime, esclarecer contradições em suas declarações, descobrir seus cúmplices, purgá-lo de alguma forma metafísica e incompreensível da infâmia ou, finalmente, descobrir outros crimes dos quais ele pode ser culpado, mas dos quais não é acusado.

Um indivíduo não pode ser considerado culpado antes que a sentença tenha sido proferida por um juiz, tampouco a sociedade pode privá-lo de sua proteção até que se decida que ele violou a condição sob a qual ela foi concedida. O que é, então, esse direito, senão um direito de mera força, pelo qual um juiz tem o poder de infligir uma punição a um cidadão enquanto sua culpa ou inocência ainda não foi determinada? O dilema a seguir não é novo: ou o crime é certo ou incerto; se for certo, nenhuma outra punição é adequada a ele a não ser aquela imposta pela lei; e a tortura é inútil, pela mesma razão que a confissão do criminoso é inútil. Se for incerto, é errado torturar uma pessoa inocente, tal como a lei a julga ser, cujos crimes ainda não foram provados.

Qual é o objetivo político das punições? A intimidação de outros homens. Mas o que diremos das torturas secretas e privadas que a tirania dos costumes exerce tanto sobre os culpados quanto sobre os inocentes? É importante, de fato, que nenhum crime aberto passe impune, mas a exposição pública de um criminoso cujo crime estava escondido na escuridão é totalmente inútil. Um mal que foi feito e não pode ser desfeito só pode ser punido pela sociedade civil na medida que possa afetar outras pessoas que tenham esperança de impunidade. Se for verdade que há um número maior de indivíduos que, seja por medo, seja por virtude, respeitam as leis mais do que aqueles que as transgridam, o risco de torturar uma pessoa inocente deve ser estimado de acordo com a probabilidade de que qualquer pessoa tenha mais probabilidade, em igualdade de condições, de ter respeitado do que desprezado as leis.

Mas eu digo além disso: é tentar confundir todas as relações das coisas exigir que um ser humano seja, ao mesmo tempo, acusador e acusado, fazer da dor o cadinho[8] da verdade, como se o teste dela estivesse nos músculos e nos tendões de um infeliz. A lei que ordena o uso da tortura é uma lei que diz aos homens: "Resistam à dor; e se a natureza criou em vocês um inextinguível amor-próprio, se ela lhes deu um direito inalienável de autodefesa, eu crio em vocês uma afeição totalmente contrária, a saber, um heroico ódio por si mesmos, e ordeno que acusem a si mesmos e digam a verdade entre a laceração de seus músculos e o deslocamento de seus ossos".

Esse infame cadinho da verdade é um monumento ainda existente daquele sistema legal primitivo e selvagem, que conduzia os julgamentos utilizando fogo e água fervente, ou as decisões acidentais de combate, de julgamentos de Deus, como se os anéis da cadeia eterna no controle da Primeira Causa[9] devessem, a todo momento, ser desarranjados e apagados pelas instituições mesquinhas da humanidade. A única diferença entre a tortura e o julgamento por fogo e água é que o resultado da primeira parece depender da vontade do acusado, e o das outras duas depende de um fato puramente físico e extrínseco ao sofredor; mas a diferença é apenas aparente, não real. A confissão da verdade sob torturas e agonias é tão pouco livre quanto era, naquela época, a prevenção sem fraude dos efeitos usuais do fogo e da água fervente. Todo ato de nossa vontade é sempre proporcional à força da impressão sensível que o causa, e a sensibilidade de cada homem é limitada. Portanto, a impressão produzida

---

8   Vaso de argila refratária, porcelana, grafita, ferro ou platina, geralmente em forma de tronco de cone – próprio para fundir metais ou calcinar minérios e minerais – usado em operações químicas ou fisioquímicas a temperaturas elevadas (CADINHO. **Michaelis**. Disponível em: https://michaelis.uol.com.br/moderno-portugues/busca/portugues-brasileiro/cadinho/. Acesso em: 9 jun. 2023)
9   A primeira causa é um argumento para a existência de Deus associado a São Tomás de Aquino (1225-1274). Esse filósofo desenvolveu a ideia de que nosso mundo funciona da mesma forma. Alguém ou alguma coisa deve ter causado a existência do mundo. A causa é Deus, o efeito é o mundo. Primeiramente desenvolvida por Aristóteles, a argumentação é usada na Filosofia e na Teologia, nessa última pelas famosas cinco vias para provar a existência de Deus, de Tomás de Aquino. Aristóteles observou que as coisas na natureza existem em razão das causas na natureza, existindo em uma cadeia que se estende para o passado. A causa da existência de um gato que vemos hoje, por exemplo, é atribuída a seus pais gatos, e a causa desses pais foram os avós gatos, e assim por diante.

pela dor pode ser tão intensa a ponto de ocupar toda a sensibilidade de um homem e não lhe deixar outra liberdade senão a escolha do caminho mais curto para escapar, no momento, de sua penalidade. Sob tais circunstâncias, a resposta do acusado é tão inevitável quanto as impressões produzidas pelo fogo e pela água; e o homem inocente que é sensível se declarará culpado, quando, ao fazê-lo, espera pôr fim a suas agonias. Toda a diferença entre culpa e inocência é perdida em virtude dos próprios meios que eles professam empregar para sua descoberta.

A tortura é um método certo para a absolvição de vilões robustos e para a condenação de homens inocentes, mas fracos. Veja as desvantagens fatais desse pretenso teste da verdade – um teste, de fato, que é digno de canibais; um teste que os romanos, por mais bárbaros que fossem em muitos aspectos, reservavam apenas para as pessoas escravizadas, as vítimas de sua virtude feroz e muito elogiada. De dois homens, igualmente inocentes ou igualmente culpados, o robusto e corajoso será absolvido, o fraco e o tímido será condenado, em função da seguinte linha exata de raciocínio por parte do juiz: "Eu, na qualidade de juiz, tive de considerá-lo culpado de tal e tal crime; você, A B, por sua força física, foi capaz de resistir à dor e, portanto, eu o absolvo; você, C D, em sua fraqueza, cedeu a ela; portanto, eu o condeno. Sinto que uma confissão extorquida em meio a tormentos não pode ter força, mas vou torturá-lo novamente, a menos que corrobore o que confessou agora".

O resultado, então, da tortura é uma questão de temperamento, de cálculo, que varia com cada indivíduo de acordo com sua força e sensibilidade; de modo que, por esse método, um matemático poderia resolver melhor do que um juiz este problema: "Dada a força muscular e a sensibilidade nervosa de um homem inocente, encontre o grau de dor que fará que ele se declare culpado de um determinado crime".

O objetivo de examinar um acusado é descobrir a verdade. Mas se essa verdade é difícil de ser descoberta pelo ar, comportamento ou semblante de um indivíduo, mesmo quando ele está calmo, muito mais difícil será descobri-la em um indivíduo em cujo rosto todos os sinais, por meio dos quais a maioria dos seres humanos, às vezes apesar de si mesmos, expressa a verdade, estão distorcidos pela dor. Toda ação violenta confunde e faz desaparecer aquelas diferenças insignificantes entre os objetos, pelas quais se pode, às vezes, distinguir o verdadeiro do falso.

Uma consequência estranha que decorre naturalmente do uso da tortura é que um inocente é colocado em uma condição pior do que um culpado, porque se ambos forem torturados o primeiro terá todas as alternativas contra ele. Pois ou ele confessa o crime e é condenado, ou é declarado inocente, tendo sofrido uma punição imerecida. Mas o homem culpado tem uma chance a seu favor, pois, se resistir firmemente à tortura e for absolvido, ele terá trocado uma pena maior por uma menor. Portanto, o inocente só pode perder, e o culpado pode ganhar, com a tortura.

Essa verdade é, de fato, sentida, embora de forma confusa, pelas próprias pessoas que se colocam mais distantes dela. Pois uma confissão feita sob tortura não tem valor algum, a menos que seja confirmada por um juramento feito depois; e, ainda assim, se o criminoso não confirmar sua confissão, ele é torturado novamente. Alguns doutores da lei e algumas nações só permitem que essa infame pergunta seja feita três vezes, ao passo que outras nações e outros doutores deixam isso a critério do juiz.

Seria supérfluo esclarecer melhor o assunto mencionando com os inúmeros casos de pessoas inocentes que se confessaram culpadas em função das agonias da tortura. Nenhuma nação, em qualquer época, pode mencionar a sua, mas os seres humanos não mudam sua natureza nem tiram conclusões. Não há indivíduo que já tenha elevado suas ideias além das necessidades comuns da vida, mas ocasionalmente corre em direção à natureza que, com voz secreta e confusa, o chama para si. Contudo, o costume, esse tirano das mentes humanas, o faz recuar e o assusta.

O segundo pretexto para a tortura é sua aplicação a supostos criminosos que se contradizem sob exame, como se o medo da punição, a incerteza da sentença, a pompa legal, a majestade do juiz, o estado de ignorância que é comum tanto ao inocente quanto ao culpado, não fossem suficientes para mergulhar na autocontradição tanto o inocente que sente medo quanto o culpado que procura se proteger; como se as contradições, bastante comuns quando as pessoas estão tranquilas, não fossem multiplicadas quando a mente está perturbada e totalmente absorvida pelo pensamento de buscar segurança contra um perigo iminente.

A tortura, novamente, é empregada para descobrir se um criminoso é culpado de outros crimes além daqueles pelos quais é acusado. É como se este argumento fosse empregado: "Como você é culpado de um crime, pode ser culpado de cem outros. Essa dúvida pesa sobre mim, por isso desejo averiguar com meu teste de verdade. As leis o torturam porque você é culpado, porque você pode ser culpado, porque eu quero que você seja culpado".

A tortura, mais uma vez, é infligida a um acusado a fim de descobrir seus cúmplices no crime. Mas se for provado que ela não é um método adequado para a descoberta da verdade, como ela servirá para revelar cúmplices, o que é parte da verdade a ser descoberta? Como se um indivíduo que acusa a si mesmo não acusasse mais prontamente os outros. E é justo atormentar pessoas pelos crimes de outros? Os cúmplices não serão revelados pelo exame das testemunhas e do acusado, pelas provas e por todas as circunstâncias do crime; em suma, por todos os meios que deveriam servir para condenar o próprio acusado pela culpa? Os cúmplices geralmente fogem imediatamente após a captura de um companheiro; a incerteza de sua sorte, por si só, os condena ao exílio e livra o país do perigo de novas ofensas por parte deles, ao passo que a punição do criminoso que é capturado atinge seu objetivo preciso, a saber, evitar que outros indivíduos, pelo terror, cometam um crime semelhante.

Outra razão ridícula para a tortura é a purgação da infâmia, ou seja, um indivíduo julgado infame pelas leis deve confirmar seu testemunho pelo deslocamento de seus ossos. Esse abuso não deveria ser tolerado no século XVIII. Acredita-se que a dor, que é uma sensação física, purga a infâmia, que é meramente uma condição moral. A dor é, então, um cadinho, e a infâmia, uma substância impura misturada? Mas a infâmia é um sentimento, não sujeito nem às leis nem à razão, mas sim à opinião comum. A própria tortura causa infâmia real à sua vítima. Portanto, o resultado é que, por esse método, a infâmia será removida pelo próprio fato de ser infligida!

Não é difícil voltar à origem dessa lei ridícula, porque os próprios absurdos que uma nação inteira adota sempre têm alguma conexão com outras ideias comuns que a mesma nação respeita. O costume parece ter sido derivado de ideias religiosas e espirituais, que têm uma influência tão grande sobre os pensamentos das pessoas, das nações e das gerações. Um dogma infalível nos assegura que as manchas contraídas pela fraqueza humana e que não merecem a ira eterna do Ser Supremo devem ser purgadas por um fogo incompreensível. Ora, a infâmia é uma mancha civil, e como a dor e o fogo tiram as manchas espirituais e incorpóreas, por que as agonias da tortura não tirariam a mancha civil da infâmia? Acredito que a confissão de um criminoso, na qual alguns tribunais insistem como um requisito essencial para a condenação, tem uma origem semelhante, porque no misterioso tribunal do arrependimento a confissão dos pecados é uma parte essencial do sacramento. É dessa maneira que os homens abusam das luzes mais seguras da revelação; e como essas são as únicas que existem em tempos de ignorância, é para elas que a humanidade dócil se volta em todas as ocasiões, fazendo delas as aplicações mais absurdas e rebuscadas.

Essas verdades foram reconhecidas pelos legisladores romanos, pois eles infligiam tortura apenas aos escravos, que, segundo a lei, não tinham personalidade. Elas foram adotadas pela Inglaterra, uma nação cuja glória de sua literatura, a superioridade de seu comércio e riqueza e, consequentemente, de seu poder, e os exemplos de sua virtude e coragem não nos deixam dúvidas quanto à bondade de suas leis. A tortura também foi abolida na Suécia por um dos monarcas mais sábios da Europa, que, levando a filosofia consigo para o trono, fez de si mesmo o amigo e legislador de seus súditos, tornando-os iguais e livres em sua dependência das leis, os únicos tipos de igualdade e de liberdade que seres humanos razoáveis podem pedir na atual condição das coisas. Tampouco a tortura foi considerada necessária nas leis que regulam os exércitos, compostos, embora em sua maior parte, da escória de diferentes países e, por essa razão, mais do que qualquer outra classe de indivíduos, mais propensos a precisar dela. É estranho, para quem esquece o poder da tirania exercida pelo costume, que leis pacíficas sejam obrigadas a aprender com mentes endurecidas pelo massacre e derramamento de sangue o método mais humano de conduzir julgamentos.

CAPÍTULO XIII
ACUSAÇÕES E PRESCRIÇÕES

Assim que as provas de um crime e sua materialidade forem plenamente comprovadas, o criminoso deve ter tempo e oportunidade para sua defesa; mas o tempo concedido deve ser tão curto que não interfira na rapidez de sua punição, que, como vimos, é uma das principais restrições ao crime. Uma falsa filantropia parece se opor a essa brevidade de tempo, mas todas as dúvidas desaparecerão se refletirmos que, quanto mais defeituoso for qualquer sistema de lei, maiores serão os perigos aos quais a inocência está exposta.

Mas as leis deveriam fixar um certo espaço de tempo tanto para a defesa do acusado quanto para a descoberta de provas contra ele. Isso colocaria o juiz na posição de um legislador como se fosse seu dever fixar o tempo necessário para isso. Da mesma forma, aqueles crimes bárbaros, cuja memória permanece por muito tempo nas mentes das pessoas, não merecem, quando provados, nenhuma prescrição em favor de um criminoso que fugiu de seu país. Já aos crimes de menor potencial ofensivo e aos obscuros deve ser permitida uma certa prescrição, que pode remover a incerteza de um indivíduo em relação ao seu destino, porque a obscuridade em que seus crimes foram envolvidos por um longo tempo reduz o mau exemplo de sua impunidade, e a possibilidade de reforma, entretanto, permanece para ele. É suficiente indicar esses princípios, pois não posso fixar um limite preciso de tempo, exceto para um determinado sistema de leis e em determinadas circunstâncias sociais. Acrescentarei apenas que, comprovada a vantagem de penas moderadas em uma nação, as leis que encurtam ou alongam, de acordo com a gravidade dos crimes, o prazo de prescrição ou de provas, tornando, assim, a própria prisão ou o exílio voluntário uma parte da punição, fornecerão uma classificação fácil de algumas punições brandas para um número muito grande de crimes.

Mas esses períodos de tempo não serão prolongados na proporção exata da atrocidade dos crimes, uma vez que a probabilidade de um crime é inversamente proporcional à sua atrocidade. Será, então, necessário encurtar o período de inquérito e aumentar o de prescrição, o que pode parecer contradizer o que eu disse antes, ou seja, que é possível infligir penas iguais a crimes desiguais, contando como pena aquele período de prisão ou de prescrição que precede o veredicto. Para explicar ao leitor minha ideia, eu distingo dois tipos de crimes: o primeiro, crimes atrozes, começando com o homicídio e incluindo todas as formas excessivas de maldade; o segundo, compreendendo crimes de menor potencial ofensivo. Essa distinção é baseada na natureza humana. A segurança pessoal é um direito natural, a segurança da propriedade é um direito social. O número de motivos que impelem os seres humanos a violar suas afeições naturais é muito menor do que aqueles que os impelem, por seu desejo natural de felicidade, a violar um direito que eles não encontram escrito em seus corações, mas apenas nas convenções sociais. A grande diferença entre a probabilidade desses dois tipos de crime, respectivamente, torna necessário que eles sejam regidos por princípios diferentes. Nos casos de crimes mais atrozes, por serem mais incomuns, o tempo para investigação deve ser tanto menor quanto maior for a probabilidade de inocência do acusado; e o tempo de prescrição deve ser maior, pois de uma sentença definitiva de culpa ou inocência depende a destruição da esperança de impunidade, cujo dano é proporcional à atrocidade do crime. Mas em casos de criminalidade menor, em que a presunção em favor da inocência de um homem é menor, o tempo para investigação deve ser maior; e como o dano da impunidade é menor, o tempo de prescrição deve ser mais curto. Mas tal divisão de crimes não deveria, de fato, ser admitida, se o perigo da impunidade diminuísse exatamente em proporção à maior probabilidade do crime. Deve-se lembrar que um acusado, cuja culpa ou inocência é incerta, pode, embora absolvido por falta de provas, ser submetido pelo mesmo crime a uma nova prisão e outra investigação, no caso de novas provas legais surgirem contra ele, desde que o tempo de prescrição concedido pelas leis não tenha passado. Esse é, pelo menos, o compromisso que considero mais adequado para preservar tanto a liberdade quanto a segurança do indivíduo, pois é muito fácil favorecer uma em detrimento da outra, de modo que essas duas bênçãos, o patrimônio inalienável e igual de todo cidadão, fiquem desprotegidas e indefesas, uma contra o despotismo declarado ou velado, a outra contra a turbulência da anarquia civil.

Há alguns crimes que são, ao mesmo tempo, de ocorrência comum e de difícil comprovação. Neles, a dificuldade de prova é equivalente a uma probabilidade de inocência, bem como o dano de sua impunidade deve ser considerado tanto menor quanto sua frequência depende de outros princípios que não o risco de punição, o tempo para investigação e o período de prescrição devem ser proporcionalmente menores. No entanto, casos de adultério e pederastia, ambos de difícil comprovação, são precisamente aqueles em que, de acordo com os princípios estabelecidos, presunções tirânicas de quase provas e meias provas podem prevalecer (como se um homem pudesse ser meio inocente ou meio culpado, em outras palavras, meio punível ou meio em condição de ser absolvido), nos quais a tortura exerce seu domínio cruel sobre a pessoa do acusado, sobre as testemunhas e mesmo sobre toda a família de um infeliz, de acordo com os ensinamentos friamente perversos de alguns doutores da lei, que se colocam como regra e padrão a ser seguido pelos juízes.

Em vista desses princípios, parecerá estranho (para qualquer um que não reflita que a razão, por assim dizer, nunca legislou para uma nação) que sejam apenas os crimes mais atrozes ou os de menor potencial ofensivo que sejam provados por conjecturas ou pelas provas mais intangíveis e equivocadas, como se o interesse das leis e do juiz não fosse procurar a verdade, mas sim descobrir o crime, como se o perigo de condenar um homem inocente não fosse tanto maior quanto a ampliação da probabilidade de sua inocência em relação à de sua culpa.

A maioria da humanidade carece daquele vigor que é igualmente necessário para os maiores crimes e para as maiores virtudes; daí parece que ambos os extremos são fenômenos contemporâneos em nações que dependem mais da energia de seu governo e das paixões que tendem ao bem público do que de seu tamanho e da constante bondade de suas leis. Nessas últimas, as paixões enfraquecidas parecem mais adaptadas para manter do que para melhorar a forma de governo. Daí decorre uma consequência importante, a saber, que grandes crimes em uma nação nem sempre comprovam seu declínio.

CAPÍTULO XIV
INTENÇÕES CRIMINOSAS, CÚMPLICES E IMPUNIDADE

Não se verifica que, pelo fato de as leis não punirem as intenções, um crime iniciado por alguma ação significativa da vontade de completá-la não mereça punição, embora mereça menos do que um crime realmente cometido. A importância de impedir uma tentativa de crime justifica uma punição. Entretanto, como pode haver um intervalo entre a tentativa e a execução, a previsão de punição maior para um crime consumado pode ser um motivo para que não seja consumado.

O mesmo pode ser dito, embora por uma razão diferente, quando há vários cúmplices de um crime, nem todos eles seus autores imediatos. Quando vários homens se unem em um empreendimento, quanto maior for o risco, mais eles procurarão torná-lo igual para todos eles; mais difícil será, portanto, encontrar um deles que esteja disposto a executar a ação, se ele incorrer em um risco maior do que aquele incorrido por seus cúmplices. A única exceção seria quando o perpetrador recebesse uma recompensa fixa, pois, nesse caso, tendo o perpetrador uma compensação por seu risco maior, a punição deveria ser igualada entre ele e seus cúmplices. Essas reflexões podem parecer metafísicas demais para quem não considera que é extremamente vantajoso que as leis ofereçam o menor número possível de bases de acordo entre companheiros de crime.

Alguns tribunais prometem impunidade a um cúmplice de um crime grave que denuncie seus companheiros, um expediente que tem suas desvantagens, bem como suas vantagens. Entre as primeiras, deve ser considerada a autorização de traição, uma prática que até os criminosos detestam, pois os crimes de coragem são menos perniciosos para um povo do que os crimes de covardia, sendo que a coragem não é uma qualidade comum e precisa apenas de uma força diretora benéfica para fazê-la contribuir para o bem-estar público, ao passo que a covardia é mais comum e contagiosa, e sempre mais autoconcentrada do que a outra. Além disso, um tribunal que pede a ajuda do infrator da lei proclama a própria incerteza e a fraqueza das próprias leis. Por outro lado, as vantagens da prática são a prevenção de crimes e a intimidação do povo em razão de os resultados serem visíveis, ao passo que os autores permanecem ocultos; além disso, ajuda a mostrar que um indivíduo que quebra sua fé para com as leis, ou seja, para com o público, provavelmente também a quebrará na vida privada. Penso que uma lei geral prometendo impunidade a um cúmplice que expõe um crime seria preferível a uma declaração especial em um caso particular, porque dessa forma o medo mútuo que cada cúmplice teria do próprio risco tenderia a impedir sua associação; o tribunal não tornaria os criminosos audaciosos ao mostrar que sua ajuda era necessária em um caso particular. Tal lei, no entanto, deveria acompanhar a impunidade com o banimento do informante. Mas não é com nenhum propósito que me atormento para dissipar o remorso que sinto ao autorizar que as leis invioláveis, o monumento da confiança pública, a base da moralidade humana, recorram à traição e à dissimulação. Que exemplo para a nação seria, se a impunidade prometida não fosse observada e se o homem que respondeu ao convite das leis fosse arrastado por disputas eruditas para a punição, apesar da confiança pública prometida a ele! Tais exemplos não são raros em diferentes países, tampouco é pequeno o número daqueles que consideram uma nação apenas como uma máquina complicada, cujas molas os mais inteligentes e os mais fortes movem a seu bel-prazer. Frios e insensíveis a tudo o que encanta as mentes sensíveis, eles despertam, com sagacidade imperturbável, os sentimentos mais suaves ou as paixões mais fortes, assim que os consideram úteis para o objetivo que têm em vista, manipulando as mentes das pessoas assim como os músicos fazem com seus instrumentos.

CAPÍTULO XV
A MODERAÇÃO DAS PENAS

Com base na simples consideração das verdades até aqui demonstradas, é evidente que o objetivo da punição não é atormentar e infligir dor a uma criatura sensível, tampouco desfazer um crime já cometido. Pode ele, cuja função é, longe de agir por paixão, tranquilizar as paixões privadas de seus companheiros, abrigar no corpo político tal crueldade inútil, o instrumento de fanáticos furiosos ou de tiranos fracos? Será que os gritos de um infeliz podem chamar de volta ao passado ações executadas? O objetivo, portanto, da punição é simplesmente impedir que o criminoso volte a ferir seus concidadãos e dissuadir outros de cometerem atos semelhantes; e devem ser preferidas as punições e o método de as aplicar que, devidamente proporcionais à ofensa, produzirão uma impressão mais eficaz e duradoura nas mentes das pessoas e infligirão o mínimo de tortura ao corpo de um criminoso.

Quem pode ler a história sem ficar horrorizado com os tormentos bárbaros e inúteis que os indivíduos, chamados de sábios, inventaram e executaram a sangue frio? Quem não deve sentir seu sangue ferver ao ver os milhares de infelizes que a miséria, intencional ou tolerada pelas leis (que sempre favoreceram poucos e ultrajaram muitos), levou a um retorno desesperado ao estado original da natureza? Quando ele os vê acusados por pessoas dotadas dos mesmos sentidos e, consequentemente, das mesmas paixões que eles, de crimes impossíveis, ficção de uma ignorância tímida, ou culpados de nada além de fidelidade aos próprios princípios; e quando ele os vê lacerados por torturas lentas, sujeitos a formalidades bem elaboradas, uma visão agradável para uma multidão fanática?

Para que uma punição possa atingir seu objetivo, basta que o mal da punição exceda a vantagem do crime, e nesse excesso de maldade a certeza da punição e a perda da possível vantagem do crime devem ser consideradas uma parte. Tudo além disso é supérfluo e, consequentemente, tirânico. Os seres humanos regulam suas condutas pela impressão reiterada dos males que conhecem, e não em razão dos males que ignoram. Dadas duas nações, em uma das quais, na escala de punições proporcional à escala de crimes, a pena mais severa seja a servidão perpétua, ao passo que na outra seja a roda, digo que a primeira terá tanto medo de sua punição mais severa quanto a segunda. E se houver alguma razão para transportar para o primeiro país as maiores penalidades do outro, o mesmo raciocínio servirá para aumentar ainda mais as penalidades desse último país, passando imperceptivelmente da roda para as torturas mais lentas e elaboradas, não, até para os últimos refinamentos daquela ciência que os tiranos entendem muito bem.

Quanto mais cruéis se tornam as punições, mais as mentes humanas se endurecem, ajustando-se, como fluidos, ao nível dos objetos ao seu redor, e a força sempre viva das paixões faz que, depois de cem anos de punições cruéis, a roda assuste os homens tanto quanto, no início, a punição da prisão.

A própria severidade de uma punição leva os homens a ousar tanto mais para escapar dela, de acordo com a grandeza do mal em perspectiva, e muitos crimes são cometidos para evitar a penalidade de um único. Os países e as épocas em que as punições foram mais severas sempre foram aqueles nos quais os atos mais sangrentos e desumanos foram cometidos, o mesmo espírito de ferocidade que guiou a mão do legislador também guiou a do parricida e do assassino; no trono, ditando leis de ferro para que as almas vilãs dos escravos obedecessem, bem como na obscuridade da vida privada, incitando à matança de tiranos, apenas para criar novos em seu lugar.

Duas outras consequências fatais decorrem da crueldade das punições e são contrárias ao seu propósito de prevenção de crimes. A primeira, é que não é tão fácil preservar a proporção essencial entre crime e punição, porque, por mais que uma crueldade estudada possa diversificar suas formas, nenhuma delas pode ir além do limite extremo de resistência, que é uma condição da organização e sensibilidade humanas. Quando esse limite extremo é atingido, torna-se impossível inventar um aumento correspondente de punição para crimes ainda mais prejudiciais e atrozes, bem como seria necessário para evitá-los. A outra consequência é que a própria impunidade surge da severidade das punições. Os homens são contidos dentro de limites, tanto para o bem quanto para o mal; e uma visão atroz demais para a humanidade só pode ser uma raiva passageira, não um sistema constante, como as leis deveriam ser. Se as últimas são realmente cruéis, ou elas são mudadas, ou elas mesmas dão origem a uma impunidade fatal.

Com essa reflexão, concluo que a escala de punições deve ser relativa à condição de uma nação. Nas mentes endurecidas de um povo que mal saiu do estado selvagem, as impressões causadas devem ser mais fortes e mais sensíveis. É necessário um raio para destruir um leão feroz que se vira ao disparo de uma arma. Mas na proporção em que as mentes dos homens se tornam mais brandas no estado social, sua sensibilidade aumenta, e proporcional a esse aumento deve ser a diminuição da força da punição, se for desejado manter qualquer proporção entre o objeto e a sensação que o acompanha.

CAPÍTULO XVI
PENA CAPITAL

Essa prodigalidade inútil de punições por meio da qual os homens nunca se tornaram melhores levou-me a examinar se a punição de morte é realmente útil e justa em um governo bem organizado. Que tipo de direito pode ser esse que os homens reivindicam para o massacre de seus semelhantes? Certamente não é o direito que é a fonte da soberania e das leis. Pois essas nada mais são do que a soma total das menores porções da liberdade individual e representam a vontade geral, ou seja, o conjunto das vontades individuais. Mas quem já desejou deixar para outros homens a opção de matá-lo? Como, no menor sacrifício possível da liberdade de cada homem, pode haver um sacrifício do maior de todos os bens, ou seja, da vida? No caso de esse sacrifício ser admitido, como esse princípio estaria de acordo com o de que um homem não é o senhor da própria vida? No entanto, ele deve ter sido assim, pois poderia ter dado a si mesmo ou à sociedade como um todo esse direito de o matar.

A pena de morte, portanto, não é um direito. Eu provei que não pode ser assim. Mas é uma guerra de uma nação contra um de seus membros, porque a aniquilação de um indivíduo é considerada necessária e conveniente. Se eu puder mostrar que a morte de uma pessoa não é necessária nem conveniente, terei vencido a causa da humanidade.

A morte de um cidadão só pode ser considerada necessária por dois motivos. O primeiro, quando, embora privado de sua liberdade pessoal, ele ainda tenha conexões e poder que ameacem a segurança nacional, isto é, quando sua existência seja capaz de produzir uma revolução perigosa na forma estabelecida de governo. A morte de um cidadão torna-se, então, necessária quando a nação está recuperando ou perdendo sua liberdade, ou em um período de anarquia, quando a confusão toma o lugar das leis. Contudo, em épocas que as leis permanecerem imperturbáveis, nas quais a forma de governo corresponde aos desejos de uma nação unida e for defendida interna e externamente pela força e pela opinião, que talvez seja ainda mais forte do que a força, com o poder supremo residindo apenas no soberano real e as riquezas servindo para comprar prazeres, mas não lugares, não vejo necessidade de destruir um cidadão, exceto quando sua morte puder ser a real e a única restrição para desviar outros de cometerem crimes. É esse último caso que constitui o segundo motivo pelo qual seria possível acreditar que a pena capital é justa e necessária.

Uma vez que a humanidade em geral, sempre desconfiada da linguagem da razão, mas pronta para se curvar à da autoridade, não se deixa persuadir pela experiência de todas as épocas em que a punição suprema nunca desviou homens resolutos de cometer delitos contra a sociedade, também não se comovem com o exemplo dos romanos e ainda com os vinte anos de reinado da imperatriz Elizabeth, da Rússia, durante os quais ela apresentou esse ilustre exemplo aos pais de seu povo, um exemplo que é, no mínimo, equivalente a muitas conquistas compradas com o sangue dos filhos de seu país. O exposto é suficiente apenas para consultar a própria natureza humana a fim de perceber a verdade da afirmação que fiz.

O maior efeito que qualquer punição tenha sobre a mente humana não deve ser medido por sua intensidade, mas sim por sua duração, pois nossa sensibilidade é mais fácil e permanentemente afetada por impressões muito leves, mas repetidas, do que por um choque forte, embora breve. O hábito tem domínio universal sobre todo ser sensível e, assim como falamos, andamos e satisfazemos nossas necessidades com sua ajuda, as ideias morais só se imprimem em nossa mente por meio de impressões longas e repetidas. Não é a visão terrível, porém breve, da morte de um criminoso, mas o exemplo longo e doloroso de um homem privado de sua liberdade, que, tendo se tornado como um animal de carga, paga com seu trabalho a sociedade que ofendeu, que é a mais forte restrição aos crimes. Muito mais potente do que o medo da morte, que os homens sempre têm diante de seus olhos em uma distância remota, é o seguinte pensamento, tão eficaz por sua constante recorrência: "Eu mesmo serei reduzido a uma condição tão longa e miserável se cometer delitos semelhantes".

A pena capital causa uma impressão em perspectiva que, com toda a sua força, não atende plenamente a esse espírito pronto de esquecimento, tão natural ao ser humano, mesmo em suas preocupações mais importantes, e tão passível de ser acelerado por suas paixões. Como regra geral, as pessoas se assustam com a visão de sofrimentos violentos, mas não por muito tempo, e, portanto, essas impressões costumam transformá-las de tal forma que fazem dos indivíduos comuns persas ou espartanos[10], mas em um governo livre e estabelecido, as impressões devem ser mais frequentes do que fortes.

A pena capital se torna um espetáculo para a maioria dos seres humanos, ao passo que é motivo de compaixão ou de repulsa para outros. As mentes dos espectadores estão mais cheias desses sentimentos do que do terror saudável que a lei pretende inspirar. Em penalidades moderadas e contínuas, o último é o sentimento predominante, porque é o único. O limite que o legislador deve fixar para a severidade das penalidades parece estar nos primeiros sinais de um sentimento de compaixão que se torna predominante na mente dos espectadores, quando eles consideram a punição mais como sua do que como a do criminoso.

Para que uma punição possa ser justa, ela deve conter apenas os graus de intensidade suficientes para dissuadir os homens de cometer crimes. Mas como não há ninguém que, ao refletir, escolheria a perda total e perpétua de sua liberdade, por maiores que sejam as vantagens oferecidas por um crime, a intensidade da punição de servidão perpétua, substituída pela pena capital, tem o que é suficiente para intimidar a coragem mais determinada. Acrescentarei que ela é ainda mais dissuasiva do que a morte. Muitas pessoas enfrentam a morte com calma e firmeza, algumas por fanatismo, outras por vaidade, que quase sempre acompanha um indivíduo até o túmulo; outras ainda por uma última tentativa desesperada de não mais viver ou de escapar de sua miséria. No entanto, nem o fanatismo nem a vaidade têm lugar entre grilhões

---

10 Muito provavelmente Beccaria utilizou essa analogia de dizer "persas e espartanos" em razão de os persas terem formado um exército tão poderoso que era conhecido pelos gregos (espartanos) como "Imortais", ao passo que o termo "espartano" tem o sentido de virtuoso, cidadão com rigor patriótico.

e correntes, sob a vara, sob o jugo, em uma gaiola de ferro. O infeliz assim punido está tão longe de terminar suas misérias que, com sua punição, ele apenas as inicia.

A mente do homem oferece mais resistência à violência e a dores extremas, porém breves, do que ao tempo e ao cansaço incessante, pois, embora possa, por assim dizer, reunir-se por um momento para repelir a primeira, sua vigorosa elasticidade é insuficiente para resistir à ação longa e repetida da segunda. No caso da pena capital, cada exemplo apresentado é tudo o que um único crime proporciona. Na servidão penal vitalícia, um único crime serve para apresentar numerosas e duradouras advertências. E se for importante que o poder das leis seja frequentemente testemunhado, não deve haver longos intervalos entre os exemplos da pena de morte. Contudo, isso pressuporia a frequência dos crimes, de modo que, para tornar a punição eficaz, ela não deve causar nos indivíduos toda a impressão que deveria causar, em outras palavras, deve ser útil e não útil ao mesmo tempo. E se for objetado que a servidão perpétua é tão dolorosa quanto a morte e, portanto, igualmente cruel, eu responderei que, levando em consideração todos os momentos infelizes da prisão, ela talvez seja ainda mais dolorosa do que a morte. Ao passo que esses momentos se estendem por toda a vida, a morte exerce toda a sua força em um único momento. Há também a vantagem na servidão penal de causar mais terror para aquele que a vê do que para aquele que a sofre, pois o primeiro pensa em toda a soma total de momentos infelizes. Já o segundo pensa na infelicidade do momento presente, tem seus pensamentos desviados do que está por vir. Todos os males são ampliados na imaginação, e todo sofredor encontra recursos e consolos desconhecidos e não imaginados pelos espectadores, que substituem a alma endurecida de um criminoso pela própria sensibilidade.

O seguinte é o tipo de raciocínio adotado pelo ladrão ou pelo assassino, cujos únicos motivos para não violar as leis são a forca ou a roda. (Sei que a análise dos próprios pensamentos é uma arte que só se aprende por meio da educação, mas nem por isso o ladrão deixa de agir de acordo com certos princípios por ser incapaz de expressá-los). "De que tipo", argumenta ele, "são essas leis que sou obrigado a observar, que deixam um intervalo tão grande entre mim e uma pessoa rica? Ela me nega o centavo que lhe peço e se desculpa ordenando-me um trabalho do qual ela mesma nada sabe. Quem criou essas leis? Não foram elas feitas por pessoas ricas e poderosas, que nunca se dignaram a visitar os casebres miseráveis dos pobres, que nunca dividiram um pão mofado entre os gritos inocentes de crianças famintas e as lágrimas de uma esposa? Quebremos essas amarras, que são fatais para a maioria das pessoas e úteis apenas para alguns tiranos indolentes; ataquemos a injustiça em sua origem. Retornarei ao meu estado de independência natural; viverei por algum tempo feliz e livre com os frutos de minha coragem e determinação; e se chegar o dia em que terei de sofrer e me arrepender por isso, o tempo de sofrimento será curto, e terei um dia de miséria por muitos anos de liberdade e prazer. Como rei de um pequeno bando, corrigirei os erros da sorte e verei esses tiranos empalidecerem e tremerem diante de alguém que, em sua arrogância insolente, classificam como inferior a seus cavalos ou cães". Então, a religião paira sobre a mente do criminoso, que faz mau uso de tudo, e oferece a ele um arrependimento fácil e uma eternidade quase certa de felicidade, o que contribui muito para diminuir de seus pensamentos o horror da última tragédia de todas.

Mas o indivíduo que vê em perspectiva um grande número de anos, ou talvez toda a sua vida, a serem passados em servidão e sofrimento diante dos olhos de concidadãos com os quais ele está vivendo em liberdade e amizade, o escravo das leis que uma vez o protegeram, faz uma comparação útil de todas essas circunstâncias com o resultado incerto de seus crimes e com a brevidade do tempo pelo qual ele desfrutaria de seus resultados. O exemplo sempre presente daqueles que ele realmente vê como vítimas de sua imprudência o impressiona muito mais do que a visão de uma punição que o endurece em vez de o corrigir.

A pena capital é prejudicial pelo exemplo de barbárie que apresenta. Se as paixões humanas, ou as necessidades da guerra, ensinaram os homens a derramar o sangue uns dos outros, as leis, que têm o objetivo de moderar a conduta humana, não devem estender o exemplo selvagem, que no caso de uma execução legal é ainda mais terrível pelo fato de ser realizada com formalidades estudadas. Para mim, parece um absurdo que as leis, que são a expressão da vontade pública, que abominam e punem o assassinato, devam elas próprias cometer um; e que, para dissuadir os cidadãos do assassinato privado, elas próprias ordenem um assassinato público. Quais são as leis verdadeiras e mais úteis? Não são elas as convenções e condições que todos gostariam que fossem observadas e propostas, quando a voz incessante do interesse privado é calada ou se une ao interesse do público? Quais são os sentimentos de todos os seres humanos com relação à pena capital? Vamos lê-los nos gestos de indignação e desprezo com os quais todos olham para o carrasco, que é, afinal, um administrador inocente da vontade pública, um bom cidadão que contribui para o bem-estar público, um instrumento tão necessário para a segurança interna de um Estado quanto os bravos soldados são para a externa. Qual é, então, a fonte dessa contradição; e por que esse sentimento, a despeito da razão, não pode ser erradicado da humanidade? Porque os homens, em seus corações mais secretos, aquela parte deles que, mais do que qualquer outra, ainda preserva a forma original de sua primeira natureza, sempre acreditaram que suas vidas não estão à disposição de ninguém, a não ser da Providência, que, com seu cetro de ferro, governa o Universo.

O que os homens deveriam pensar quando vissem magistrados sábios e agentes da justiça, com calma indiferença, fazendo que um criminoso fosse arrastado por seu lento procedimento até a morte; ou quando vissem um juiz, enquanto um miserável infeliz, nas convulsões de suas últimas agonias, estivesse aguardando o golpe fatal, ir embora fria e insensivelmente, talvez até com uma secreta satisfação em sua autoridade, para desfrutar dos confortos e prazeres da vida? "Ah" – dirão eles – "essas leis são apenas pretextos para a força, e as estudadas formalidades cruéis da Justiça são apenas uma linguagem convencional, usada com o propósito de nos imolar com maior segurança, como vítimas destinadas ao sacrifício do insaciável ídolo da tirania. Esse assassinato que eles nos pregam como um crime tão terrível, nós o vemos ser empregado por eles sem escrúpulo ou paixão. Vamos nos beneficiar com o exemplo. Uma morte violenta nos pareceu uma coisa terrível nas descrições que nos foram feitas, mas vemos que é uma questão de momento. Quanto menos terrível ela será para um indivíduo que, não a esperando, é poupado de tudo o que há de doloroso nela?".

Esses são os argumentos fatais empregados, se não claramente, pelo menos vagamente, por pessoas dispostas a cometer crimes, entre as quais, como vimos, o abuso da religião é mais poderoso do que a própria religião.

Se eu for confrontado com o exemplo de quase todas as épocas e quase todas as nações que aplicaram a punição de morte a alguns crimes, responderei que o exemplo não vale nada diante da verdade, contra a qual não há prescrição de tempo; e que a história da humanidade nos transmite a ideia de um imenso mar de erros, entre os quais algumas verdades, mas de forma confusa e em longos intervalos, flutuam na superfície. Os sacrifícios humanos já foram comuns a quase todas as nações, mas quem, por essa razão, ousará defendê-los? O fato de alguns poucos Estados, e apenas por um curto período de tempo, terem se abstido de infligir a morte, favorece mais o meu argumento do que o contrário, porque tal fato está de acordo com o destino de todas as grandes verdades, cuja duração é apenas como a de um relâmpago em comparação à longa e sombria noite que envolve a humanidade. Ainda não chegou o tempo feliz em que a verdade, como o erro tem feito até agora, pertencerá à maioria dos seres humanos; e dessa lei universal do reino do erro somente aquelas verdades têm sido isentas até agora, as quais a sabedoria suprema achou por bem distinguir das outras, tornando-as objeto de uma revelação especial.

A voz de um filósofo é muito fraca diante do barulho e dos gritos de tantos seguidores de um costume cego, mas os poucos homens sábios espalhados pela face da Terra me responderão de seus corações mais íntimos; e, em meio aos muitos obstáculos que a impedem de um monarca, se a verdade porventura chegar, apesar dele, ao seu trono, que ele saiba que ela chega lá acompanhada pelos desejos secretos de toda a raça humana. Que ele saiba que, diante de seus louvores, a fama sangrenta dos conquistadores será silenciada, e que a posteridade, que é justa, atribuirá a ele o lugar mais importante entre os triunfos pacíficos de um Tito, um Marco Aurélio ou um Trajano – [todos imperadores de Roma].

Feliz seria a humanidade, se as leis fossem agora ditadas a ela pela primeira vez, quando vemos nos tronos da Europa monarcas benéficos, homens que encorajam as virtudes da paz, as ciências e as artes, que são pais de seu povo, que são cidadãos honrados, e o aumento de cuja autoridade forma a felicidade de seus súditos, porque remove aquele despotismo intermediário, mais cruel porque menos seguro, pelo qual os desejos do povo, sempre sinceros, e sempre atendidos quando podem chegar ao trono, têm sido geralmente interceptados e suprimidos. Se eles, eu digo, permitem que as leis antigas existam, é por causa das infinitas dificuldades de remover de erros a ferrugem reverenciada de muitas eras, razão pela qual os cidadãos esclarecidos desejarem com maior ardor o aumento contínuo de sua autoridade.

CAPÍTULO XVII
BANIMENTO E CONFISCOS

Qualquer pessoa que perturbe a paz pública ou não obedeça às leis, ou seja, às condições sob as quais os homens se suportam e se defendem mutuamente, deve ser excluída da sociedade, ou seja, deve ser banida dela[11].

O banimento, ao que parece, deve ser empregado no caso daqueles contra os quais, quando acusados de um crime atroz, há uma grande probabilidade, mas não uma certeza de culpa. No entanto, para esse propósito é necessário um estatuto, o menos arbitrário e o mais preciso possível, condenando ao banimento qualquer indivíduo que tenha colocado seu país no dilema fatal de temê-lo ou de feri-lo, deixando-lhe, no entanto, o direito sagrado de provar sua inocência. Portanto, devem existir razões mais fortes para justificar o banimento de um nativo do que de um estrangeiro, de alguém que tenha cometido um crime pela primeira vez do que de uma pessoa que já esteve nessa situação muitas vezes.

Mas será que um indivíduo que é banido e excluído para sempre da sociedade da qual era membro também deve ser privado de sua propriedade? Essa questão pode ser considerada de diferentes pontos de vista. A perda da propriedade é uma punição maior do que o banimento;

---

11 O Direito anglo-saxão era composto por três componentes: as leis e coleções promulgadas pelo rei, declarações oficiais de costumes, como as encontradas no *Domesday Book* [levantamento da Inglaterra finalizado em 1086, e executado por Guilherme I. Similar a um censo realizado pelos governos da atualidade, Guilherme precisava de informações sobre o país que acabara de conquistar, motivo de ter ordenado o que ou quanto cada proprietário possuía de terra e gado, bem como o valor desses bens, a fim de estabelecer uma taxação], instituído pelos normandos, e compilações privadas de regras e decretos legais. A ênfase principal era no direito penal e não no direito privado, embora alguns materiais tratassem de problemas de administração pública, ordem pública e assuntos eclesiásticos. [...] A preservação da paz era uma característica importante da lei anglo-saxônica. (ANGLO-SAXON LAW. **Encyclopaedia Britannica**. Disponível em: https://www.britannica.com/topic/Anglo-Saxon-law. Acesso em: 12 jun. 2023). Lembrando que a lei anglo-saxônica desenvolveu a prática de banir criminosos como uma alternativa à pena capital, os crimes graves, como o assassinato, eram compensados com sangue, assim como o crime de traição era levado a sério e, assim, compensado com a perda da propriedade para o rei e com a morte em uma execução pública por enforcamento, isso após julgamentos brutais e estranhos quando comparados com as leis modernas e veredictos da atualidade.

portanto, deve haver alguns casos em que, de acordo com seu crime, uma pessoa deva perder toda, parte ou nenhuma de suas propriedades. O confisco do todo ocorrerá quando a sentença legal de banimento for do tipo que aniquila todos os laços existentes entre a sociedade e seu membro infrator; pois, nesse caso, o cidadão morre e apenas o indivíduo permanece; e, com relação ao corpo político, a morte civil deve produzir o mesmo efeito que a morte natural. Parece, então, que a propriedade confiscada deve passar para os herdeiros legítimos do condenado, em vez de para o chefe do Estado, já que a morte e o banimento em sua forma extrema são o mesmo em relação ao corpo político. Mas não é por essa sutileza que me atrevo a desaprovar os confiscos de propriedade. Se alguns sustentaram que os confiscos agiram como controles sobre os atos de vingança e sobre o grande poder dos indivíduos, foi por negligenciar a consideração de que, por mais que as punições possam ser benéficas, elas não são, por essa razão, sempre justas, porque para serem justas elas devem ser necessárias; E uma injustiça oportuna não pode ser tolerada por nenhum legislador que deseje fechar todas as portas contra a tirania, sempre pronta a manter esperanças lisonjeiras, por meio de vantagens temporárias e pela prosperidade de algumas pessoas famosas, sem levar em conta a ruína futura e as lágrimas de inúmeras pessoas na obscuridade. Os confiscos colocam um preço na cabeça dos fracos, fazem que os inocentes sofram a punição dos culpados e tornam a prática de crimes uma necessidade desesperadora até para os inocentes. Que visão mais triste pode haver do que a de uma família arrastada à infâmia e à miséria pelos crimes de seu chefe, incapaz de evitá-los por meio da submissão imposta pelas leis, mesmo supondo que essa prevenção estivesse ao seu alcance!

CAPÍTULO XVIII
INFÂMIA

A infâmia[12] é um sinal de desaprovação pública, privando o criminoso da boa vontade de seus compatriotas, de sua confiança e daquele sentimento quase de fraternidade que uma vida comum inspira. Isso não depende das leis. Portanto, a infâmia que as leis infligem deve ser a mesma que surge das relações naturais das coisas, a mesma que é ensinada pela moralidade universal ou por aquela moralidade particular, que depende de sistemas particulares e estabelece a lei para opiniões comuns ou para uma ou outra nação. Se um tipo de infâmia for diferente do outro, ou a lei perde a estima pública, ou as ideias de moralidade e honestidade desaparecem, apesar das declarações, que nunca são eficazes contra os fatos. Quem declara infames as ações que são em si mesmas indiferentes diminui a infâmia das ações que são realmente infames em si mesmas.

Punições corporais e dolorosas não devem ser infligidas para aqueles crimes que têm seu fundamento no orgulho e extraem da própria dor sua glória e sua sustentação. Para tais crimes, o ridículo e a infâmia são mais adequados, sendo essas penalidades que refreiam o orgulho dos fanáticos pelo orgulho dos observadores, e apenas permitem que a própria verdade escape de sua tenacidade por meio de esforços lentos e obstinados. Por meio dessa oposição de forças contra forças, e de opiniões contra opiniões, o legislador sábio destrói a admiração e o espanto que um princípio falso causa entre um povo, cujo absurdo original é geralmente escondido da vista pelas conclusões plausíveis dele deduzidas.

As penas de infâmia não devem ser muito comuns, tampouco recair sobre muitas pessoas ao mesmo tempo, bem como não devem ser muito comuns, porque os efeitos reais e muito frequentes das questões de opinião enfraquecem a força da própria opinião. Também não devem

---

12 Na cultura romana antiga, infâmia era a perda de posição legal ou social. Como termo técnico do Direito romano, infâmia era uma exclusão oficial das proteções legais desfrutadas por um cidadão romano, imposta por um censor ou pretor (McGINN, Thomas A. J. **Prostitution, sexuality and the law in ancient Rome**. London: Oxford University Press, 1998, p. 65.).

ser muito gerais, porque a desgraça de muitas pessoas se transforma na desgraça de nenhuma delas.

Essa, então, é a maneira de evitar confundir as relações e a natureza invariável das coisas, que, sendo ilimitada pelo tempo e em operação incessante, confunde e derruba todos os regulamentos estreitos que se afastam dela. Não são apenas as artes do gosto e do prazer que têm como princípio universal a imitação fiel da natureza; mas a própria arte da política, pelo menos aquela que é verdadeira e permanente, está sujeita a essa máxima geral, uma vez que ela consiste em nada mais do que a arte de direcionar da melhor maneira e para os mesmos fins os sentimentos imutáveis da humanidade.

CAPÍTULO XIX
A PRESTEZA DAS PENAS

Quanto mais rápido e mais próximo da conexão com o crime cometido for o castigo, mais justo e útil ele será. Digo mais justa porque, dessa forma, o criminoso é poupado daqueles tormentos inúteis e ferozes de suspense que são ainda maiores em uma pessoa de imaginação vigorosa e plenamente consciente da própria fraqueza; mais justa também porque a privação da liberdade, em si mesma uma punição, só pode preceder a sentença pelo menor intervalo possível compatível com as exigências da necessidade. A prisão, portanto, é simplesmente a custódia segura de um cidadão enquanto aguarda o veredicto de sua culpa. E essa custódia, sendo essencialmente desagradável, deve ser tão breve e fácil quanto possível. A brevidade do tempo deve ser medida tanto pela duração necessária dos preparativos para o julgamento quanto pela antiguidade da reivindicação de um julgamento. O rigor do confinamento não deve ser maior do que o necessário para evitar a fuga ou para proteger contra a ocultação da prova dos crimes. O julgamento em si deve ser concluído no menor tempo possível. Que contraste mais cruel do que aquele entre a facilidade de um juiz aplicar a pena e a angústia de um réu? Entre os confortos e prazeres de um magistrado insensível, por um lado, e as lágrimas e a miséria de um prisioneiro, por outro? Em geral, o peso de uma punição e a consequência de um crime devem ser tão eficazes quanto possível para a contenção de outros indivíduos e tão pouco duros quanto possível para o indivíduo que é punido, pois não se pode chamar isso de uma forma adequada de sociedade, onde não é um princípio infalível que seus membros pretendiam, ao constituí-la, sujeitar-se ao menor número possível de males.

Eu disse que a rapidez da punição é mais útil, porque quanto menor o intervalo de tempo entre a punição e o delito, mais forte e duradoura é a associação dessas ideias, crime e punição, na mente humana, de modo que insensivelmente elas passam a ser consideradas uma a causa, e a outra sua consequência necessária e inevitável. É um fato comprovado que a associação de ideias é o pavimento de toda a construção do tecido do intelecto humano e que, sem ela, o prazer e a dor seriam sentimentos isolados e ineficazes. Quanto mais distantes os seres humanos estiverem das ideias gerais e dos princípios universais, ou seja, quanto mais comuns eles forem, mais eles serão capazes de agir de acordo com suas associações imediatas e mais próximas, negligenciando as mais remotas e complexas, sendo essas últimas úteis apenas para pessoas fortemente apaixonadas por um determinado objeto de busca, à medida que a luz da atenção ilumine um único objeto, ao passo que deixará os demais obscuros. Também são úteis para mentes de qualidade superior, porque, tendo adquirido o hábito de analisar rapidamente muitos assuntos de uma só vez, possuem facilidade para colocar em contraste uns com os outros muitos sentimentos parciais, de modo que o resultado de seus pensamentos, em outras palavras, de sua ação, seja menos perigoso e incerto.

A estreita conexão, portanto, entre crime e punição é da maior importância, se for desejável que, nas mentes rudes e comuns, juntamente à ideia sedutora de um crime vantajoso, surja imediatamente a ideia associada de sua punição. Uma longa demora não tem outro efeito senão a separação perpétua dessas duas ideias; e qualquer que seja a impressão produzida pela punição de um crime, ela a produz menos como punição do que como visão, e só a produz quando o horror do crime em particular, que serviria para fortalecer o sentimento de punição, tenha sido enfraquecido na mente dos espectadores.

Outro princípio serviria admiravelmente para aproximar ainda mais a importante conexão entre um delito e sua punição, ou seja, que essa última deve, na medida do possível, estar em conformidade com a natureza do crime. Essa analogia facilita maravilhosamente o contraste que deve existir entre o impulso para o crime e a influência que faz o efeito contrário, a da punição, isto é, desviando a mente e guiando-a para um fim bem diferente daquele para o qual a ideia sedutora de transgredir a lei tenta levá-la.

As pessoas culpadas de crimes menores geralmente são punidas na obscuridade de uma prisão ou exiladas, de modo a servir de exemplo para as nações que não cometeram nenhum delito, para uma servidão distante e, portanto, quase inútil. Como os crimes mais graves não são aqueles que os seres humanos são tentados a cometer no calor do momento, a punição pública de um grande delito será considerada estranha e de ocorrência impossível pela maioria das pessoas. Já a punição pública de crimes mais leves, para os quais os pensamentos dos indivíduos se inclinam mais prontamente, causará uma impressão que, ao mesmo tempo que desvia a mente deles, a restringirá ainda mais de crimes de maior gravidade. As punições não devem ser proporcionais umas às outras e aos crimes apenas em termos de força, mas também no modo como são infligidas.

CAPÍTULO XX
CERTEZA DE PUNIÇÃO — INDULTOS

Uma das maiores prevenções contra crimes não é a crueldade das punições associadas a elas, mas sua infalibilidade e, consequentemente, a vigilância por parte dos magistrados e a severidade inexorável por parte do juiz que, para ser uma virtude útil, deve coincidir com um sistema de leis moderado. A certeza de uma punição, por mais moderada que seja, sempre causará uma impressão mais forte do que o medo de outra, mais terrível, talvez, mas associada à esperança de impunidade, pois, mesmo os menores males, quando certos, sempre aterrorizam as mentes dos homens, e a esperança, esse dom do céu, que muitas vezes nos compensa por tudo, sempre lança para longe a ideia de males maiores, especialmente quando sua força é aumentada pela impunidade, que a avareza e a fraqueza tantas vezes concedem.

Às vezes, é costume liberar um indivíduo da punição de um crime leve quando a pessoa ferida o perdoa: um ato, de fato, que está de acordo com a misericórdia e a humanidade, mas é contrário à política pública; como se um cidadão pudesse, por meio de sua remissão, eliminar a necessidade do exemplo da mesma forma que ele pode desculpar a reparação devida pela ofensa. O direito de punir não cabe a um indivíduo, mas sim à comunidade como um todo, ou ao soberano. Um indivíduo só pode renunciar à sua porção particular desse direito, sem poder anular a de todos os demais.

Na proporção em que as punições se tornam mais brandas, a clemência e o perdão se tornam menos necessários. Feliz a nação em que seu exercício seja prejudicial! Portanto, a clemência, essa virtude que às vezes compensou em um soberano as falhas em todos os outros deveres do trono, deve ser excluída em um sistema perfeito de legislação, segundo o qual as punições sejam brandas, e o método de julgamento regular e rápido. Essa verdade parecerá difícil para qualquer pessoa que viva no atual estado caótico da lei criminal, em que a necessidade de perdão e favores está de acordo com o absurdo das leis e com a severidade das sentenças de punição. Esse direito de perdão é, de fato, a prerrogativa mais justa do trono, o atributo mais desejável da soberania. No entanto, constitui a marca tácita de desaprovação que os benéficos dispensadores da felicidade pública exibem em relação a um código que, com todas as suas imperfeições, reivindica a seu favor o preconceito de eras, a volumosa e imponente gama de inúmeros comentaristas, o pesado aparato de formalidades intermináveis e a adesão daquelas pessoas que receberam educação insuficiente que, embora menos temidas do que os verdadeiros filósofos, são realmente mais perigosas. Mas que seja lembrado que a clemência é a virtude do criador, e não do executor, das leis, que ela deve ser visível no código de leis, e não em julgamentos particulares, que mostrar aos homens que os crimes podem ser perdoados e a punição não é sua consequência necessária, encoraja a esperança de impunidade e cria a crença de que sentenças de condenação, que poderiam ser remitidas e não o são, passam a ser mais exibições violentas de força do que emanações de justiça. O que dizer, então, quando o soberano concede um indulto, ou seja, imunidade pública a um indivíduo, e quando um ato privado de bondade não esclarecida constitui um decreto público de impunidade? Portanto, que as leis sejam inexoráveis e seus administradores, em casos particulares, inexoráveis, mas que o legislador seja brando, misericordioso e humano. Que ele fundamente seu edifício, como um sábio arquiteto, com base no amor; que o interesse geral seja a soma dos interesses de cada um, e ele não será mais constrangido, por meio de leis parciais e remédios violentos, a separar a todo momento o bem-estar público dos indivíduos, e a criar a aparência de segurança pública com base no medo e na desconfiança. Como um filósofo profundo e sensível, que ele permita que os seres humanos, isto é, seus irmãos e irmãs, desfrutem em paz a pequena parcela de felicidade que lhes é dada para desfrutar neste canto do Universo, nesse imenso sistema estabelecido pela Primeira Causa, por Aquele que É (Sou o Que Sou)[13].

---

13 Moisés viu a face de Deus no alto de uma montanha, conversando com o criador na sarça ardente, mas antes de ir libertar os filhos de Israel do Egito. Em Exôdo 3: 13-14 podemos entender o significado dos dizeres de Beccaria. "Então, disse Moisés a Deus: Eis que quando vier aos filhos de Israel e lhes disser: O Deus de vossos pais me enviou a vós; e eles me disserem: Qual é o seu nome? Que lhes direi? 14 E disse Deus a Moisés: Eu Sou o Que Sou. Disse mais: Assim dirás aos filhos de Israel: Eu Sou me enviou a vós".

CAPÍTULO XXI
EXÍLIO

Restam duas questões para eu examinar: se os asilos de refúgio[14] são justos; e se os acordos internacionais de extradição são convenientes ou não. Não deve haver nenhum lugar dentro das fronteiras de qualquer país que seja independente das leis. Todo cidadão deve ser seguido pelo poder da legislação, assim como toda substância é seguida por sua sombra. Há apenas uma diferença de grau entre a impunidade e o direito de exílio, mas como a influência efetiva da punição consiste mais em sua inevitabilidade do que em sua violência, o instituto da expatriação ou exílio contribui mais para incentivar os crimes do que as punições para os impedir. A multiplicação da concessão de asilos é a formação de muitas soberanias menores, pois onde não há leis para comandar, é fácil que novas leis, opostas às leis gerais de um país, sejam formadas e, consequentemente, que surja um espírito oposto ao de todo o corpo social coletivo. Toda a história mostra que dos exílios surgiram grandes revoluções nos Estados e nas opiniões da humanidade.

Algumas pessoas sustentam que um crime, ou seja, uma ação contrária às leis, é punível onde quer que seja cometido, como se o caráter de súdito fosse indelével, ou, em outras palavras, sinônimo de, ou melhor, pior do que o caráter de escravo, como se um indivíduo pudesse ser súdito de um reino e residente de outro, ou como se suas ações pudessem, sem contradição, estar subordinadas a dois poderes soberanos e a dois sistemas legais muitas vezes contraditórios. Assim, alguns pensam que uma ação cruel praticada, digamos, em Constantinopla é punível em Paris, pela razão abstrata de que aquele que ofende a humanidade merece ter a humanidade coletiva como sua inimiga e merece a execração universal; como se os juízes fossem os vingadores da sensibilidade hu-

---

14 O direito de asilo é um conceito jurídico antigo, segundo o qual as pessoas perseguidas por seus governantes poderiam ser protegidas por outra autoridade soberana, como um segundo país ou outra entidade que pudesse oferecer um refúgio. A expulsão de uma pessoa do próprio país por decreto de autoridade podia ser imposta como pena ou castigo.

mana em geral, e não dos pactos que unem os seres humanos. O lugar da punição é o lugar do crime, porque lá, e somente lá, é um dever obrigatório ferir um indivíduo, para evitar um dano ao público. Um vilão, mas que não tenha quebrado os pactos da sociedade da qual não era membro, pode ser objeto de medo e, por essa razão, ser expulso e exilado pelo poder superior dessa sociedade; mas ele não pode ser legal e formalmente punido, uma vez que cabe às leis vingar não a malícia intrínseca de ações particulares, mas sim a violação de pactos.

Mas se a extradição internacional de criminosos é útil, eu não me atreveria a decidir, até que as leis estejam mais em conformidade com as necessidades da humanidade, até que as penalidades sejam mais brandas e até que a emancipação da lei do capricho da mera opinião tenha dado segurança à inocência oprimida e à virtude odiada; até que a tirania tenha sido confinada, pela força da razão universal que une cada vez mais os interesses dos reis e dos súditos, às vastas planícies da Ásia; por mais que a convicção de não encontrar em lugar algum um pedaço de terra onde crimes reais tenham sido perdoados possa ser a maneira mais eficaz de evitar sua ocorrência.

CAPÍTULO XXII
DA RECOMPENSA POR INCRIMINAÇÃO

A segunda pergunta é se é conveniente colocar uma recompensa[15] pela cabeça de um criminoso conhecido em razão de ter sido legalmente incriminado e, dessa maneira, fazer de cada cidadão um carrasco, armando-o contra o infrator. Ao fazer isso, ou o criminoso foge do próprio país ou permanece. No primeiro caso, o soberano incentiva o cometimento de um crime e expõe seu autor a uma punição, sendo assim considerado culpado de um dano e de uma usurpação de autoridade nos domínios de outro, bem como autoriza outras nações a fazer o mesmo. No segundo caso, o soberano demonstra fraqueza, pois aquele que tem o poder com o qual pode se defender não procura fazer que seja usado. Além disso, um decreto que ofereça recompensa pela cabeça de um criminoso perturba todas as ideias de moralidade e virtude, que estão sempre prontas para desaparecer da mente humana ao menor sopro. Agora, as leis convidam à traição, e logo a punem, uma vez que com uma mão o legislador aperta os laços da família, do parentesco e da amizade, ao mesmo tempo que com a outra ele recompensa quem os viola e despreza, sempre em autocontradição, pois ele em um momento convida à confiança as naturezas suspeitas dos seres humanos, e em outro espalha a desconfiança entre eles. Em vez de impedir um crime, ele causa cem. Esses são os recursos das nações fracas, cujas leis são apenas os reparos temporários de um edifício em ruínas que cambaleia por toda parte. À medida que uma nação se torna esclarecida, a boa-fé e a confiança mútua se tornam necessárias e tendem cada vez mais a se identificar com a verdadeira política. Truques, intrigas, caminhos escuros e indiretos são,

---

15 Beccaria originalmente usou o termo latim *proscriptio*, usado na Roma antiga, um aviso publicado que listava os cidadãos romanos que haviam sido declarados culpados de algum crime e cujos bens haviam sido confiscados. Recompensas eram oferecidas a quem matasse ou traísse os "proscritos"
O termo "proscrição" foi usado para permitir que pessoas pudessem perseguir os declarados oficialmente banidos ou por outras incriminações aplicadas pelo governo.

em sua maior parte, previstos, e a rapidez geral de todos os homens, coletivamente, supera e embota a de indivíduos isolados. As próprias eras de ignorância, nas quais a moralidade pública inclina os homens a obedecer aos ditames da moralidade privada, servem como instrução e experiência para as eras de esclarecimento. Mas as leis que recompensam a traição e estimulam a hostilidade clandestina, espalhando a suspeita mútua entre os cidadãos, se opõem a essa união da moralidade privada e pública, uma união que é tão necessária e à observância da qual os indivíduos podem dever sua felicidade, as nações sua paz e o Universo um período um pouco mais longo de tranquilidade e repouso dos males que atualmente o permeiam.

CAPÍTULO XXIII
PROPORÇÃO ENTRE DELITOS E PENAS

O interesse geral não é apenas que os crimes não sejam cometidos, mas também que eles sejam raros em proporção aos males que causam à sociedade. Portanto, quanto maior for a oposição dos crimes que afetem o bem-estar público e quanto mais numerosos forem os incentivos a eles, mais fortes deverão ser os obstáculos repelentes. Esse princípio, portanto, estabelece a necessidade de uma certa proporção entre delitos e penas.

Se o prazer e a dor são os motores dos seres sensíveis, se o legislador invisível da humanidade decretou recompensas e punições como um dos motivos para impelir as pessoas até em seus esforços mais nobres, a distribuição inexata desses motivos dará origem àquela contradição tão pouco notada quanto de ocorrência comum, a saber, que as leis punem crimes que são inteiramente de sua criação. Se uma penalidade igual for aplicada a dois crimes que causam danos desiguais à sociedade, prometer uma vantagem maior do que o outro para o crime mais hediondo dos dois não terá um motivo mais forte para restringir sua perpetração. Quem, por exemplo, vê a mesma punição de morte decretada para o indivíduo que mata um faisão e para o que mata seu companheiro ou falsifica um documento importante, não fará distinção entre esses crimes. Assim, os sentimentos morais, produto apenas de muitas eras e de muito derramamento de sangue, a mais lenta e mais difícil conquista da mente humana, dependente, como se pensa, da ajuda dos motivos mais sublimes e de um desfile das mais graves formalidades, serão destruídos e perdidos.

É impossível evitar todos os distúrbios que podem surgir no conflito universal das paixões humanas. Seu aumento depende do aumento da população e dos cruzamentos de interesses privados, que não podem ser direcionados com exatidão geométrica para o bem-estar público. Na aritmética política o cálculo das probabilidades deve ser substituído pela exatidão matemática. Observe a história do mundo e você verá que as desordens aumentaram com a ampliação dos limites do império, de modo que ao ser diminuído o sentimento nacional na mesma medida, a indução geral ao crime aumenta com o maior interesse de cada indivíduo em tais desordens e, por essa razão, a necessidade de agravar as penalidades continua a aumentar.

Essa força, semelhante à força da gravitação, que nos constrange a buscar nosso bem-estar, só admite contração na proporção dos obstáculos que se opõem a ela. Os efeitos dessa força compõem a série confusa de ações humanas, isto é, se elas se chocam e se impedem mutuamente, as punições, que eu chamaria de obstáculos políticos, impedem que os efeitos ruins resultem, sem destruir a causa impulsora, que reside na sensibilidade inseparável da humanidade, de modo que o legislador, ao promulgá-las, faz o papel de um arquiteto inteligente, cuja função é neutralizar a tendência da gravitação de fazer um edifício cair e fazer que todas as linhas que contribuem para sua estabilidade sejam mantidas.

Em razão de haver necessidade de agregação da humanidade, e dadas as convenções que necessariamente resultam da própria oposição de interesses privados em uma escala de ofensas, pode ser traçada uma escala, começando com aqueles delitos que tendem diretamente à destruição da sociedade e terminando com atos da menor potencial ofensivo, isto é, qualquer injustiça possível cometida contra membros da sociedade. Entre esses extremos estão compreendidas todas as ações contrárias ao bem-estar público que são chamadas de crimes e que, em graus imperceptíveis, diminuem em enormidade do mais alto para o mais baixo. Se as infinitas e obscuras combinações de ações humanas admitissem um tratamento matemático, deveria haver uma escala correspondente de punições, variando da mais severa à mais leve. Se houvesse uma escala exata e universal de crimes e punições, teríamos um teste aproximado e geral para avaliar os graus de tirania e liberdade em diferentes governos, o estado relativo de humanidade ou maldade de diferentes nações. O legislador sábio terá noção para marcar as principais divisões em tal escala, de modo a não inverter sua ordem, tampouco impor aos crimes do primeiro grau as punições previstas aos do último.

CAPÍTULO XXIV
DOSIMETRIA DAS PENAS

Vimos que a verdadeira medida dos crimes é o dano causado à sociedade. Essa é uma daquelas verdades palpáveis que, por mais que não dependam de quadrantes ou telescópios para serem descobertas e estejam totalmente ao alcance de qualquer inteligência comum, ainda assim, por uma maravilhosa combinação de circunstâncias, só são reconhecidas clara e firmemente por alguns poucos pensadores, pertencentes a todas as nacionalidades e a todas as épocas. Mas as ideias asiáticas e as paixões revestidas de autoridade e poder, em geral por movimentos imperceptíveis, às vezes por violentos ataques à tímida credulidade da humanidade, dissiparam aquelas noções simples, que talvez formassem a primeira filosofia das comunidades primitivas, e às quais o esclarecimento desta época parece propenso a nos reconduzir, mas a fazê-lo com aquela maior certeza, que pode ser obtida por meio de uma investigação exata das coisas, de mil experiências infelizes e dos próprios obstáculos que militam contra ela.

Aqueles que pensaram que a intenção do criminoso era a verdadeira medida dos crimes estavam errados. Pois a intenção depende da impressão real das coisas sobre um indivíduo e de sua disposição mental precedente, coisas que variam em cada ser humano, de acordo com a sucessão muito rápida de suas ideias, suas paixões e suas circunstâncias. Seria, portanto, necessário formar não apenas um código específico para cada cidadão, mas uma nova lei para cada crime. Às vezes, com as melhores intenções, as pessoas fazem o maior mal à sociedade, e às vezes, com as piores intenções, fazem o maior bem a ela.

Já outros medem os crimes mais pela posição da pessoa lesada do que por sua importância em relação ao bem público. Se essa fosse a verdadeira medida dos crimes, qualquer ato de irreverência para com o Ser Supremo deveria ser punido mais severamente do que o assassinato de um monarca, ao passo que a superioridade de Sua natureza proporciona uma compensação infinita para a diferença da ofensa.

Por fim, alguns pensaram que a gravidade da pecaminosidade de um ato deveria ser um elemento proporcional à gravidade dos crimes. Mas um observador imparcial das verdadeiras relações entre um indivíduo e outro indivíduo, e entre um ser humano e Deus, perceberá facilmente a falácia dessa opinião. Pois a primeira relação é de igualdade, já que somente a necessidade, gerada pelo choque de paixões e interesses opostos, deu origem à ideia de utilidade pública, a base da justiça humana. Mas a outra relação é de dependência de um Ser perfeito e Criador, que reservou somente para Si o direito de ser, ao mesmo tempo, legislador e juiz, e somente Ele pode unir as duas funções sem efeitos ruins. Se Ele decretou punições eternas para aqueles que desobedecem à Sua onipotência, que inseto ousará tomar o lugar da justiça divina ou desejará se vingar desse Ser, que é todo-suficiente para Si mesmo, que não pode receber das coisas nenhuma impressão de prazer ou dor e que, entre todos os seres, é o único que age sem reação?

O grau de pecado em uma ação depende da inescrutável maldade do coração, que não pode ser conhecida por seres finitos sem uma revelação. Como, então, encontrar aí um padrão para a punição de crimes? Nesse caso, os indivíduos poderiam punir quando Deus perdoa, e perdoar quando Deus pune. Se os seres humanos podem agir de forma contrária ao Todo-Poderoso ao ofendê-Lo, eles também podem fazê-lo nas punições que infligem

CAPÍTULO XXV
A ESCALA DAS PENAS

Alguns crimes tendem diretamente à destruição da sociedade ou do soberano que a representa, ao passo que outros afetam cidadãos individuais, colocando em risco sua vida, sua propriedade ou sua honra. Já outros são ações contrárias às obrigações positivas ou negativas que vinculam cada indivíduo ao bem-estar de toda a sociedade.

Qualquer ação que não esteja incluída entre os dois extremos anteriormente indicados só pode ser chamada de crime ou punida como tal por aqueles que têm interesse em chamá-la assim. A incerteza desses limites produziu em diferentes nações um sistema de ética contrário ao sistema de leis, produziu muitos sistemas reais de leis em total desacordo uns com os outros e uma quantidade de leis que expõem até o ser humano mais sábio às mais severas penalidades. Consequentemente, as palavras "virtude" e "vício" passaram a ter um significado vago e variável e, em função da incerteza que envolve a existência individual, a indiferença e uma apatia fatal se espalharam pelas comunidades políticas.

A opinião de que cada cidadão deve ter liberdade para fazer qualquer coisa que não seja contrária às leis, sem medo de qualquer outro inconveniente além daquele que possa surgir da própria ação – esse é o dogma político segundo o qual o povo deve acreditar e que deve ser promulgado pelos magistrados principais[16] –, um dogma tão sagrado quanto o da

---

16 Beccaria se refere ao *chief magistrate* (algo como o magistrado principal), um funcionário público, executivo ou judicial, cujo cargo era o mais alto em sua classe, responsável por: ouvir muitos dos casos mais sensíveis ou complexos nos tribunais de magistrados e, em particular, casos de extradição e jurisdição especial; apoiar e orientar os colegas juízes distritais (tribunais de magistrados); estabelecer contato com o Judiciário sênior e com os juízes presidentes em questões relacionadas aos tribunais de magistrados e aos juízes distritais (tribunais de magistrados). Quando uma infração disciplinar cometida por um prisioneiro merecesse dias adicionais de prisão, juízes distritais em tempo integral eram enviados às prisões para ouvir os casos, passando a elaborar uma lista de casos a fim de, quando um número suficiente de casos fosse coletado, um juiz comparecia à prisão para ouvir a todos (Chief Magistrate. **Courts and Tribunals Judiciary**. Disponível em: https://www.judiciary.uk/about-the-judiciary/who-are-the-judiciary/judges/chief-magistrate/. Acesso em: 13 jun. 2023).

guarda incorrupta das leis, sem o qual não pode haver sociedade legítima, uma compensação justa para a humanidade pelo sacrifício de toda a liberdade de ação que pertence a todo ser sensível e é limitada apenas pela extensão de sua força. É isso que forma almas liberais e vigorosas, e mentes esclarecidas; que torna os seres humanos virtuosos com aquela virtude que pode resistir ao medo, e não com aquele tipo flexível de prudência que só é digno de uma pessoa que pode suportar uma existência precária e incerta.

Quem quer que leia com um olhar filosófico os códigos e ordenamentos jurídicos de diferentes nações descobrirá quase sempre que os nomes de virtude e vício, de bom cidadão e criminoso, foram alterados no decorrer das eras, não de acordo com as mudanças que ocorrem no cotidiano de uma sociedade e, consequentemente, em conformidade com o interesse geral, mas sim de acordo com as paixões e os erros que influenciaram diferentes legisladores sucessivamente. Ele observará com frequência que as intenções de uma época formaram a base da moralidade das épocas posteriores; que as paixões fortes, originárias do fanatismo e do entusiasmo, enfraquecidas e, por assim dizer, roídas pelo tempo (que reduz a um nível todos os fenômenos físicos e morais), tornam-se pouco a pouco a prudência da época e um instrumento útil nas mãos do indivíduo forte e do inteligente. Dessa forma, as noções mais vagas de honra e virtude foram produzidas, pois elas mudam com as mudanças do tempo, que faz que os nomes sobrevivam às coisas, assim como as mudanças de rios e montanhas, que frequentemente formam os limites da geografia moral, não menos do que da física.

CAPÍTULO XXVI
CRIMES CONTRA A SEGURANÇA NACIONAL

A primeira classe de crimes, isto é, os piores, em razão de serem os mais prejudiciais à sociedade – são aqueles conhecidos como crimes de alta traição à Coroa. Somente a tirania e a ignorância, que confundem palavras e ideias com o significado mais claro, podem aplicar esse nome e, consequentemente, a punição mais pesada a diferentes tipos de crimes, tornando os indivíduos, como em milhares de outros casos, vítimas de uma palavra. Todo crime, mesmo que seja privado, prejudica a sociedade, embora nem todo crime tenha como objetivo sua destruição imediata. As ações morais, como as físicas, têm sua esfera limitada de atividade e são diferentemente circunscritas, como todos os movimentos da natureza, pelo tempo e pelo espaço. Portanto, somente uma interpretação sofística, que é geralmente a filosofia da escravidão, pode confundir o que a verdade eterna distinguiu por diferenças imutáveis.

CAPÍTULO XXVII
CRIMES CONTRA A SEGURANÇA PESSOAL — ATOS DE VIOLÊNCIA — PENALIDADES PREVISTAS AOS NOBRES

Depois dos crimes de alta traição, vêm os crimes praticados contra a segurança pessoal dos indivíduos. Como essa segurança é o principal objetivo de toda sociedade adequadamente constituída, é impossível não atribuir à violação do direito de segurança pessoal de qualquer cidadão uma das mais severas punições permitidas pelas leis.

Alguns crimes são lesões à pessoa, outros à sua propriedade, e os primeiros certamente devem ser punidos com penas corporais.

As ofensas, portanto, contra a segurança pessoal e a liberdade estão entre os mais graves crimes. Sob esse título se enquadram não apenas os assassinatos e roubos cometidos por pessoas comuns, mas também aqueles cometidos pelos nobres e magistrados, cuja influência, agindo com maior força e a uma distância maior, destrói naqueles que estão sujeitos a eles todas as ideias de justiça e dever, ao passo que dá força àquelas ideias do direito do mais forte, que são igualmente perigosas, em última análise, para aquele que exerce não menos do que para aquele que a suporta.

Nem o nobre nem o rico devem ser capazes de pagar um preço por danos cometidos contra os fracos e os pobres; caso contrário, as riquezas, que, sob a proteção das leis, são o prêmio do corpo social, tornam-se o alimento da tirania. Sempre que as leis permitem que um indivíduo, em certos casos, deixe de ser uma pessoa e se torne uma coisa, não há liberdade; pois então você verá o indivíduo dotado de poder dedicando toda a sua fortuna para reunir, das inúmeras combinações da vida civil, aquelas que a lei concede a seu favor. Essa descoberta é o segredo mágico que transforma os cidadãos em animais de carga e que, nas mãos do indivíduo forte, forma a corrente com a qual restringe as ações dos imprudentes e dos fracos. Essa é a razão pela qual em alguns governos, que têm toda a aparência de liberdade, a tirania se esconde ou se insinua de forma imprevista, em algum canto negligenciado pelo legislador, onde insensivelmente ganha força e cresce.

Os seres humanos opõem as mais fortes barreiras contra a tirania aberta, mas não enxergam o inseto imperceptível que as corrói e abre para a corrente invasora uma abertura que é ainda mais segura pelo simples fato de estar oculta.

De que tipo, então, devem ser as punições previstas aos crimes dos nobres, cujos privilégios formam uma parte tão grande das leis de diferentes países? Não vou perguntar aqui se essa distinção tradicional entre nobres e plebeus é vantajosa em um governo ou necessária em uma monarquia; muito menos se é verdade que a nobreza forma um poder intermediário para restringir os excessos dos dois extremos, e não uma casta que, em escravidão a si mesma e aos outros, confina toda a circulação de mérito e esperança a um círculo muito estreito, como aqueles oásis férteis e agradáveis espalhados entre os vastos desertos de areia da Arábia. Tampouco se, supondo que seja verdade que a desigualdade é inevitável e útil na sociedade, também é verdade que essa desigualdade deve subsistir entre classes, e não entre indivíduos, e deve permanecer em uma parte do corpo político em vez de circular pelo todo, se ela deve se perpetuar em vez de estar sujeita a constantes autodestruição e renovação. Limitar-me-ei às punições apropriadas para os nobres, afirmando que elas devem ser as mesmas para o maior cidadão tão bem como ao menor. Toda distinção de honra ou de riqueza pressupõe, para ser legítima, um estado anterior de igualdade, fundado nas leis, que consideram todos os súditos como igualmente dependentes de si mesmos. Deve-se supor que os seres humanos, que renunciaram ao seu estado natural de independência despótica, tenham dito: "Que aquele que é mais trabalhador do que seus companheiros tenha mais honras e que sua fama seja maior entre seus sucessores; que aquele que é mais próspero e honrado espere até que possa se tornar mais, mas que ele tema não menos do que os outros indivíduos quebrar essas condições em virtude das quais ele é elevado acima deles". É verdade que tais decretos não emanaram de uma convocação da raça humana, mas tais decretos existem nas relações eternas das coisas; eles não destroem as supostas vantagens de uma nobreza, embora impeçam seus abusos; e eles fazem que as leis sejam temidas, fechando toda admissão à impunidade. E se alguém disser que a mesma punição infligida a um nobre e a um plebeu não é realmente a mesma em razão da diversidade de sua educação e da desgraça espalhada sobre uma família ilustre, responderei que a sensibilidade do criminoso não é a medida da punição, mas o dano público, e que esse é ainda maior quando cometido pelo indivíduo mais favorecido; que a igualdade de punição só pode ser assim quando considerada extrinsecamente, sendo realmente diferente em cada pessoa; e que a desgraça de uma família pode ser removida por provas públicas de bondade por parte do soberano para com a família inocente do criminoso. E quem não sabe que as formalidades que atingem os sentidos servem como argumentos para a população crédula e admiradora?

CAPÍTULO XXVIII
DAS INJÚRIAS E DA HONRA

Injúrias que são pessoais e afetam a honra de um homem – ou seja, a consideração devida a uma pessoa, a qual ela tem o direito de esperar dos outros – devem ser punidas com desonra, ou seja, a perda do respeito das outras pessoas.

Há uma contradição notável entre as leis civis, que colocam uma guarda tão zelosa e suprema sobre a vida e a propriedade individuais, e as leis da chamada honra, que colocam a opinião acima de tudo. A palavra "honra" é uma das que têm servido de base para longas e brilhantes argumentações, sem que nenhuma ideia fixa ou permanente esteja ligada a ela. Quão miserável é a condição das mentes humanas, que conhecem mais distintamente as ideias mais remotas e menos importantes sobre os movimentos dos corpos celestes do que aquelas noções morais próximas e importantes, que estão sempre flutuando e confusas, de acordo com os ventos da paixão que as impelem e uma ignorância bem orientada as recebe e transmite! Mas o aparente paradoxo desaparecerá se considerarmos que, assim como os objetos se tornam confusos quando estão muito próximos dos olhos, a grande proximidade das ideias morais facilmente faz as numerosas ideias simples que as compõem se misturarem, confundindo as linhas claras de demarcação exigidas pelo espírito geométrico, que gostaria de medir exatamente os fenômenos da sensibilidade humana. E o espanto desaparecerá completamente do estudante imparcial dos assuntos humanos, que suspeitará que um mecanismo moral tão grande e tantas restrições talvez não sejam necessários para tornar os seres humanos felizes e seguros.

Essa honra, então, é uma daquelas ideias complexas que são um agregado não apenas de ideias simples, mas também de ideias não menos complexas do que elas mesmas, e que em suas várias apresentações à mente ora admitem ora omitem alguns de seus diferentes componentes, retendo apenas algumas ideias comuns, assim como na álgebra várias quantidades complexas admitem um divisor comum.

Para encontrar esse divisor comum nas diferentes ideias que os indivíduos formam sobre a honra, devemos dar uma rápida olhada na primeira formação das sociedades.

A necessidade de remediar os distúrbios causados pela influência excessiva sobre o lado físico de cada ser humano individualmente produziu as primeiras leis e os primeiros magistrados, tornando-se a finalidade, o objetivo da instituição das sociedades. Essa finalidade sempre foi mantida, na realidade ou na aparência, à frente de todos os códigos, mesmo daqueles que funcionavam de outra forma. No entanto, o contato mais próximo dos indivíduos entre si e o progresso de seu conhecimento geraram uma série interminável de ações e necessidades mútuas, que sempre estiveram além da previsão das leis e abaixo do poder real das pessoas. Desde essa época teve início a influência da opinião, que proporcionou o único meio de obter dos outros os benefícios e evitar os males que as leis não conseguiram prever. É essa opinião que é o problema tanto do homem sábio quanto do tolo, uma vez que elevou a aparência de virtude a um crédito mais alto do que a própria virtude, inclusive fazendo que o patife se torne missionário, porque encontra nela o próprio interesse. Por isso, o favor dos seres humanos se tornou não apenas útil, mas necessário, se um indivíduo não quiser ficar abaixo do nível geral. Portanto, não apenas o indivíduo ambicioso busca esse favor como útil para si mesmo, e vai implorar por ele como prova de seu mérito, mas também a pessoa honrada pode ser vista exigindo-a como uma necessidade. Essa honra é uma condição que muitas pessoas atribuem à própria existência. Nascida após a formação da sociedade, ela não poderia ser colocada no depósito geral; é, antes, um retorno momentâneo ao estado de natureza, uma retirada momentânea de si mesmo do domínio daquelas leis que, sob as circunstâncias, não conseguem oferecer a defesa suficiente que lhes é exigida.

Portanto, tanto no estado de extrema liberdade política quanto no de extrema sujeição política, as ideias de honra desaparecem ou se confundem perfeitamente com outras. Pois, no primeiro caso, a influência das leis torna inútil a busca pelo favor dos outros; e, no segundo, a forte influência dos indivíduos, ao destruir a existência civil, reduz todos a uma personalidade precária e temporária. A honra, portanto, é um dos princípios fundamentais das monarquias, que são uma forma atenuada de despotismo, sendo para elas o que as revoluções são para os Estados despóticos, ou seja, um retorno momentâneo ao estado de natureza e um lembrete para o governante principal da condição de igualdade primitiva.

CAPÍTULO XXIX
DUELOS

Dessa necessidade do favor de outras pessoas surgiram os duelos particulares, originados precisamente em um estado anárquico das leis. Diz-se que eles eram desconhecidos na Antiguidade, talvez porque os antigos não se encontravam suspeitosamente armados nos templos, nos teatros ou com amigos; talvez porque o duelo era uma visão comum e ordinária, apresentada ao povo por gladiadores, que eram escravos ou pessoas humildes, e os homens livres desdenhavam ser considerados e chamados de gladiadores particulares. Em vão se procurou extirpar o costume por meio de decretos de morte contra qualquer homem que aceitasse um desafio, pois ele se baseia naquilo que alguns homens temem mais do que a morte, uma vez que, sem o favor de seus companheiros, o indivíduo de honra se vê exposto a se tornar um ser meramente solitário, uma condição insuportável para uma pessoa sociável, ou a se tornar alvo de insultos e desgraças que, por sua atuação constante, prevalecem sobre o medo da punição. Por que as ordens inferiores, em sua maioria, não lutam em duelos como os grandes? Não apenas porque estão desarmados, mas porque a necessidade do favor dos outros é menos generalizada entre o povo do que entre aqueles que, em postos mais altos, consideram a si próprios com maior suspeita e ciúme.

Não é inútil repetir o que outros escreveram, a saber, que o melhor método de prevenir esse crime é punir o agressor – em outras palavras, o indivíduo que deu origem ao duelo – declarando inocente aquele que, sem culpa própria, foi constrangido a defender o que as leis existentes não lhe asseguraram, ou seja, o direito de ter opinião.

CAPÍTULO XXX
ROUBOS

Os roubos sem violência devem ser punidos com multa. Aquele que enriquece à custa de outro deve sofrer penalidade que será cumprida com recursos próprios. Mas, como o roubo é geralmente apenas o crime resultante da miséria e do desespero, o crime daquela porção infeliz da humanidade a quem o direito de propriedade (um direito terrível, e talvez não necessário[17]) deixou apenas uma subsistência básica. E como as penalidades pecuniárias aumentam o número de criminosos acima do número de crimes, privando os inocentes de seu pão para dá-lo aos perversos, a punição mais adequada será aquele tipo de prisão que só pode ser chamada de justa, ou seja, o encarceramento temporário que obrigue o criminoso a trabalhar para a compensação da sociedade, a dependência pessoal e absoluta devida por um indivíduo que tentou exercer uma superioridade injusta sobre o pacto social. Mas quando o roubo é acompanhado de violência, a punição também deve ser uma combinação de punições corporal e servil. Alguns autores anteriores mostraram o abuso evidente que surge do fato de não se distinguir as punições para roubos de violência daquelas para roubos de astúcia, fazendo, assim, uma equação absurda entre uma grande soma de dinheiro e a vida de um ser humano. Pois são crimes de natureza diferente; e na Política, assim como na Matemática, esse axioma é muito certo, que entre quantidades heterogêneas os termos de diferença são infinitos; mas nunca é supérfluo repetir o que quase nunca foi colocado em prática. O maquinário político, mais do que qualquer outra coisa, retém o movimento originalmente dado a ele e é o mais lento para se adaptar a um novo comportamento.

---

17 Nota do editor: "No manuscrito original e na primeira edição, não havia nenhum "não". Não se sabe como ele foi inserido, ou se Beccaria estava ciente disso".

CAPÍTULO XXXI
CONTRABANDO

O contrabando é um crime real contra o soberano e a nação; mas sua punição não deve ser de desonra, porque sua prática não causa falta de respeito para com uma pessoa na opinião pública.

Mas, por que esse crime nunca acarreta desonra para seu autor, visto que é um roubo contra o príncipe e, consequentemente, contra a nação? Respondo que os delitos que as pessoas não consideram que possam ser cometidos contra si mesmas não interessam a elas o suficiente para produzir indignação pública contra seu autor. O contrabando é uma ofensa desse tipo. Os indivíduos em geral, sobre os quais as consequências remotas causam impressões muito fracas, não percebem o mal que o contrabando pode lhes causar, e muitas vezes eles desfrutam até de uma vantagem com essa prática. Eles só percebem o dano causado ao soberano; portanto, não estão interessados em retirar seu favor de um contrabandista tanto quanto estão em fazê-lo de um indivíduo que comete um roubo na vida privada, que falsifica uma assinatura ou que faz outros males. O princípio é evidente, pois todo ser sensível só se interessa pelos males que conhece. Esse crime decorre da própria lei, uma vez que o benefício que ele promete aumenta com o aumento do imposto de importação e, portanto, a tentação e a facilidade de cometê-lo aumentam com a circunferência do território a ser protegido e com o pequeno tamanho das mercadorias proibidas. A penalidade de perder tanto as mercadorias proibidas quanto quaisquer efeitos encontrados com elas é muito justa; mas sua eficácia será maior na proporção em que o imposto de importação for menor, porque as pessoas só incorrem em riscos em relação à vantagem derivada do resultado próspero de seu empreendimento.

Mas, será que esse crime deve ficar impune no caso de um indivíduo que não tem nada a perder? Não, pois há tipos de contrabando de tanta importância para a Receita (que é uma parte tão essencial e tão difícil de um bom sistema de leis), que esse crime merece uma punição considerável, até prisão ou condenação a trabalhos forçados; mas prisão e servidão compatíveis com a natureza do próprio crime. Por exemplo, a prisão do contrabandista de tabaco não deve ser a mesma do assassino ou do ladrão; e os trabalhos do primeiro, limitados ao trabalho e ao serviço do próprio Tesouro que ele desejava defraudar serão as punições mais compatíveis com a natureza de seu crime.

CAPÍTULO XXXII
DOS DEVEDORES

A boa-fé dos contratos e a segurança do comércio obrigam o legislador a assegurar aos credores a declaração de que os devedores não são insolventes. No entanto, considero importante distinguir o falido fraudulento do falido inocente, sendo que o primeiro deve receber a mesma punição atribuída aos falsificadores de moedas, uma vez que não é crime mais grave falsificar uma peça de dinheiro cunhada, o penhor das obrigações mútuas das pessoas, do que falsificar essas próprias obrigações. Mas, por que razão bárbara o falido inocente – aquele que, depois de uma investigação minuciosa, provou perante seus juízes que a maldade ou o infortúnio de outra pessoa, ou as inevitáveis vicissitudes da prudência humana, o despojaram de seus bens – deveria ser jogado na prisão? Por que deveria ser privado do único benefício que lhe resta, uma liberdade estéril, para sofrer as agonias dos verdadeiros culpados e, em desespero por sua honestidade arruinada, arrepender-se talvez daquela inocência, pela qual viveu pacificamente sob a proteção das leis que intencionava infringir? Leis também ditadas pelos poderosos em razão de sua ansiedade por obter lucros vantajosos, e suportadas pelos fracos em razão daquela esperança que geralmente brilha no coração humano e nos leva a acreditar que contingências desfavoráveis estão reservadas para os outros, e as favoráveis para nós mesmos! Os seres humanos, entregues a seus sentimentos naturais, amam as leis cruéis, por mais que, como sujeitos a elas, possa ser de seu interesse individual que sejam atenuadas, porque o medo de serem feridos por outros é maior do que o desejo de infligir ferimentos a si mesmos.

Voltando ao falido inocente. Concedendo-se a garantia de que sua obrigação não deve ser extinta por qualquer coisa a não ser o pagamento total, ou seja, assegurando-se a garantia que ao devedor não deve ser permitido retirar-se dela sem o consentimento das partes interessadas, tampouco transferir, sob o domínio de outras leis, seus bens, que devem ser empregados, sob penalidades, para a satisfação de seus credores na proporção de seus lucros, que pretexto justo, eu pergunto, pode haver, como a segurança do comércio ou o direito sagrado de propriedade, para justificar a privação de sua liberdade? Tal privação só é útil quando se busca descobrir os segredos de um falido supostamente inocente por meio dos males da condenação a trabalhos forçados, uma circunstância muito incomum quando uma investigação rigorosa é instituída. Acredito que seja uma máxima na legislação que a quantidade de inconveniências políticas varia diretamente em proporção ao prejuízo que causam ao público e inversamente em proporção à dificuldade de sua prova.

Seria possível distinguir um caso de fraude de uma falta grave, uma falta grave de uma falta leve, e essa novamente de uma inocência perfeita. Então, afixar ao primeiro as penalidades devidas por crimes de falsificação; ao segundo, penalidades menores, mas com a perda da liberdade pessoal; e, reservando para o último grau a livre escolha dos meios de recuperação, privar o terceiro grau de tal liberdade, deixando-a para os credores de um indivíduo. Mas a distinção entre grave e leve deve ser fixada pela imparcialidade cega das leis, não pela sabedoria perigosa e arbitrária de um juiz. A fixação de limites é tão necessária na Política quanto na Matemática, tanto na medição do bem-estar público quanto na medição de magnitudes[18].

Com que facilidade o presidente dos legisladores poderia impedir grande parte da falência culposa e aliviar os infortúnios dos trabalhadores e inocentes! O registro público e aberto de todos os contratos; a liberdade de todo cidadão de consultá-los em documentos bem guardados; um banco público formado por impostos sabiamente distribuí-

---

18 Nota de Beccaria: O comércio e a propriedade não são, por si só, um fim do pacto social, mas podem ser um meio para atingir esse fim. Expor todos os membros da sociedade a males, para cuja produção tantas circunstâncias trabalham em conjunto, seria subordinar os fins aos meios – um paralogismo [raciocínio falso, estabelecido de maneira involuntária] de todas as ciências, mas especialmente da Ciência Política, e no qual caí nas primeiras edições, quando disse que o falido inocente deveria ser mantido sob custódia em penhor de suas dívidas ou empregado como escravo para trabalhar para seus credores. Sinto-me envergonhado por ter escrito isso. Fui acusado de irreligião sem merecer, e fui acusado de sedição sem merecer. Ofendi os direitos humanos, e ninguém me censurou por isso!

dos sobre o comércio próspero e destinado ao alívio oportuno de qualquer membro infeliz e inocente da empresa – essas medidas não teriam nenhum inconveniente real e poderiam produzir inúmeras vantagens. Mas leis fáceis, simples e grandiosas, que aguardam apenas o sinal do legislador a fim de espalhar riqueza e força por uma nação – leis que seriam celebradas de geração em geração em hinos de gratidão – são as menos pensadas ou as menos desejadas de todas. Um espírito inquieto e mesquinho, a prudência tímida do momento presente e uma rigidez circunspecta contra inovações dominam os sentimentos daqueles que governam as ações complexas da humanidade.

CAPÍTULO XXXIII
DA TRANQUILIDADE PÚBLICA

Por fim, entre os crimes do terceiro tipo estão especialmente aqueles que perturbam a paz pública e a tranquilidade cívica, como barulhos e tumultos nas ruas, que foram feitos para a conveniência dos seres humanos e do tráfego, ou sermões fanáticos que excitam as paixões facilmente despertadas da multidão curiosa. Pois suas paixões ganham força pelo número de ouvintes, e mais por um certo entusiasmo obscuro e misterioso do que por um raciocínio claro e tranquilo, que nunca tem qualquer influência sobre uma grande massa de pessoas.

A iluminação noturna de uma cidade às custas do erário público; a distribuição de guardas em diferentes bairros; simples discursos morais sobre religião, mas somente na quietude silenciosa e sagrada das igrejas, protegidas pela autoridade pública; discursos em nome de interesses privados e públicos em assembleias nacionais, parlamentos ou onde quer que resida a majestade da soberania – todos esses são meios eficazes para evitar a perigosa condensação das mobilizações populares. Esses meios são um ramo principal daquela vigilância magisterial que os franceses chamam de polícia; mas se ela for exercida por leis arbitrárias, não estabelecidas em um código de circulação geral, abre-se uma porta para a tirania, que sempre cerca todos os limites da liberdade política. Não encontro nenhuma exceção ao axioma geral de que "todo cidadão deve saber quando suas ações são culpadas ou inocentes". Se censores e magistrados, arbitrários em geral, são necessários em qualquer governo, isso ocorre em função da fraqueza de sua constituição e é estranho à natureza de um governo bem organizado. Mais vítimas foram sacrificadas à tirania obscura pela incerteza de sua sorte do que pela crueldade pública e formal, pois essa última revolta a mente dos seres humanos mais do que os humilha. O verdadeiro tirano sempre começa dominando a opinião, o precursor da coragem, pois essa só pode se manifestar sob a luz clara da verdade, no fogo da paixão ou na ignorância do perigo.

CAPÍTULO XXXIV
DA IMPRODUTIVIDADE POLÍTICA

Governos sábios não sofrem com a ociosidade política em meio ao trabalho e ao mercado. Entendo por ociosidade política aquela existência que não contribui em nada para a sociedade, seja por seu trabalho ou por sua riqueza; que ganha sem nunca perder; que, estupidamente admirada e reverenciada pelos vulgares, é considerada pelo indivíduo sábio com desdém e com pena dos seres que são suas vítimas; que, sendo destituída daquele estímulo de uma vida ativa, a necessidade de preservar ou aumentar o estoque de bens mundanos, deixa para as paixões da opinião, não menos fortes, toda a sua energia. Esse tipo de ociosidade tem sido confundido por declamadores austeros com o de riquezas, reunidas pelo mercado; mas não cabe à virtude severa e estreita de alguns censores, mas às leis, definir o que é ociosidade punível. Não é culpado de ociosidade política aquele que desfruta dos frutos das virtudes ou dos vícios de seus ancestrais e vende, em troca de seus prazeres, pão e existência aos pobres gestores, que conduzem pacificamente a guerra silenciosa do mercado contra a riqueza, em vez de uma guerra incerta e sanguinária pela força. O último tipo de ociosidade é necessário e útil, à medida que a sociedade se torna mais ampla e seu governo mais rigoroso.

CAPÍTULO XXXV
SUICÍDIO E AUSÊNCIA

O suicídio é um crime para o qual uma punição propriamente dita parece inadmissível, uma vez que só pode recair sobre o inocente ou então sobre um corpo frio e insensível. Se o último modo de punir o crime não causa mais impressão nos vivos do que seria causado pela violência infligida a uma estátua, o outro modo é injusto e tirânico, na medida em que a liberdade política necessariamente pressupõe a natureza puramente pessoal da punição. Os seres humanos amam demais a vida, e tudo o que os cerca os confirma nesse amor. A imagem sedutora do prazer e da esperança, a mais doce ilusão dos mortais, pela qual eles engolem grandes quantidades de mal misturadas com algumas gotas de contentamento, são atraentes demais para temer que a necessária impunidade de tal crime exerça qualquer influência geral. Aquele que teme a dor obedece às leis; mas a morte põe fim, no corpo, a todas as fontes de dor. Qual será, então, o motivo que conterá a mão desesperada do suicida?

Quem se mata faz um mal menor à sociedade do que aquele que abandona para sempre as fronteiras de seu país, pois ao passo que o primeiro deixa nele todos os seus bens, o segundo se transporta levando consigo parte de sua propriedade. Não, se o poder de uma comunidade consiste no número de seus membros, o indivíduo que se retira para se juntar a uma nação vizinha causa um dano duas vezes maior do que aquele que simplesmente pela morte priva a sociedade de sua existência. A questão, portanto, se reduz a esta: deixar a cada membro de uma nação uma liberdade perpétua para se ausentar dela é vantajoso ou prejudicial?

Nenhuma lei deve ser promulgada que não tenha força para apoiá-la, ou que a natureza das coisas prive de validade; e como as mentes são governadas pela opinião, que segue as impressões lentas e indiretas da legislação, ao mesmo tempo que resiste àquelas diretas e violentas, as leis mais salutares tornam-se infectadas com o desprezo sentido pelas leis inúteis, e são consideradas mais obstáculos a serem superados do que a garantia do bem-estar público.

Além disso, se, como dito, nossos sentimentos são limitados em quantidade, quanto mais respeito os seres humanos tiverem pelas coisas fora das leis, menos lhes restará pelas próprias leis. Desse princípio, o sábio administrador da felicidade pública pode tirar algumas consequências úteis, cuja exposição me levaria para muito longe de meu assunto, que é demonstrar a inutilidade de se fazer uma prisão do Estado. Uma lei com tal objetivo é inútil, porque, a menos que rochas inacessíveis ou um mar inavegável separem um país de todos os outros, como será possível fechar todos os pontos de sua circunferência e manter a guarda sobre os próprios guardiões? Um indivíduo que transporta tudo o que tem consigo, quando o faz, não pode ser punido. Tal crime, uma vez cometido, não pode mais ser punido, e puni-lo de antemão seria punir a vontade dos seres humanos, não suas ações, para exercer o comando sobre a intenção, a parte mais livre da natureza humana, e totalmente independente do controle das leis. A punição de um indivíduo ausente na propriedade que ele deixa para trás arruinaria todo o comércio internacional, para não falar da facilidade de conluio, que seria inevitável, exceto por um controle tirânico dos contratos. E sua punição ao retornar, como criminoso, impediria a reparação do mal causado à sociedade, ao tornar perpétuas todas as remoções. A própria proibição de sair de um país aumenta o desejo das pessoas de fazê-lo e é um aviso para que os estrangeiros não entrem nele.

O que devemos pensar de um governo que não tem outros meios além do medo para manter pessoas em um país ao qual elas estão naturalmente ligadas desde as primeiras impressões da infância delas? A maneira mais segura de mantê-las em seu país é aumentar o bem-estar relativo de cada uma delas. Assim como todos os esforços devem ser empregados para virar a balança comercial a nosso favor, é do maior interesse de um soberano e de uma nação que a soma da felicidade, comparada com a das nações vizinhas, seja maior em casa do que em qualquer outro lugar. Os prazeres do luxo não são os principais elementos dessa felicidade, por mais que possam ser um remédio necessário para a desigualdade que aumenta com o progresso de um país e um controle sobre a tendência da riqueza de se acumular nas mãos de um único governante[19].

Mas o comércio e o intercâmbio dos prazeres do luxo têm a desvantagem de que, por mais que muitas pessoas estejam engajadas em sua produção, eles ainda começam e terminam com poucas, a grande maioria delas desfruta apenas da menor parte deles, de modo que o sentimento de miséria, que depende mais da comparação do que da realidade, não é evitado. Mas a base principal dessa felicidade de que falo é a segurança pessoal e a liberdade sob as limitações da lei; com isso, os prazeres do luxo favorecem a população e, sem eles, tornam-se o instrumento da tirania. Da mesma forma que os animais selvagens mais nobres e os pássaros mais livres se mudam para as solidões e florestas inacessíveis, deixando as planícies férteis e sorridentes para as artimanhas do ser humano, as pessoas fogem dos próprios prazeres quando a tirania age como seu distribuidor.

Está provado, então, que a lei que aprisiona os súditos no próprio país é inútil e injusta. A punição, portanto, do suicídio é igualmente assim; e, consequentemente, embora seja uma falta punível por Deus, pois somente Ele pode punir após a morte, não é um crime aos olhos das pessoas, pois a punição que elas infligem, em vez de recair sobre

---

19 Nota de Beccaria: Quando as fronteiras de um país aumentam em um ritmo maior do que sua população, o luxo favorece o despotismo, em primeiro lugar, porque a escassez de pessoas significa menos mercado, e menos mercado significa maior dependência da pobreza em relação à riqueza, e maior dificuldade e menos medo de uma combinação dos oprimidos contra seus opressores. Em segundo lugar, porque as lisonjas, os serviços, as distinções, a submissão, que fazem que a diferença entre o indivíduo forte e o fraco seja ainda mais sentida, são mais facilmente obtidos de poucas pessoas do que de muitas, uma vez que os seres humanos são mais independentes quanto menos sujeitos à observação, e são menos sujeitos à observação quanto mais numerosos forem. Mas, onde a população aumenta em um ritmo mais rápido do que as fronteiras são ampliadas, o luxo se opõe ao despotismo, porque ele dá vida ao mercado e às atividades das pessoas, e a necessidade do indivíduo pobre oferece muitos prazeres e confortos ao indivíduo rico para que os prazeres da pura ostentação, que aumentam a ideia de dependência, tenham o maior lugar. Portanto, é possível observar que em Estados grandes, fracos e despovoados, a menos que haja causas contrárias, o luxo da ostentação prevalece sobre o luxo do conforto, ao passo que em Estados populosos, e não grandes, o luxo do conforto sempre causa a diminuição do luxo da ostentação.

o próprio criminoso, recai sobre sua família. Se alguém objetar que tal punição pode, no entanto, afastar um indivíduo de sua determinação de se matar, eu respondo que aquele que renuncia calmamente às vantagens da vida, que odeia sua existência aqui embaixo a ponto de preferir a ela uma eternidade de miséria, provavelmente não será movido pela consideração menos eficaz e mais remota de seus filhos ou parentes.

CAPÍTULO XXXVI
DELITOS DIFÍCEIS DE SEREM PROVADOS

Há alguns crimes que são, ao mesmo tempo, frequentes na sociedade e, ainda assim, difíceis de provar, como o adultério, a pederastia e o infanticídio.

O adultério é um crime que, politicamente considerado, deriva sua força e direção de duas causas, a saber, das leis variáveis em vigor entre a humanidade, e da mais forte de todas as atrações que atrai um sexo para o outro[20].

Se eu tivesse que me dirigir a nações ainda desprovidas da luz da religião, eu diria que há ainda outra diferença considerável entre o adultério e outros crimes, uma vez que ele se origina do abuso de um impulso humano constante e universal, um impulso anterior, ou melhor, a causa da instituição da sociedade; ao passo que outros crimes, destrutivos da sociedade, têm sua origem mais em paixões momentâneas do que em um impulso natural. Para qualquer pessoa que conheça a história e sua espécie, esse impulso parecerá ser equivalente, no mesmo clima, a uma quantidade constante; e se for assim, as leis e os costumes que buscam diminuir a soma total serão inúteis ou perigosos, porque seu efeito será sobrecarregar uma metade da humanidade com as próprias necessidades e as dos outros. Mas aquelas leis, ao contrário, serão as mais sábias, que seguindo, por assim dizer, a suave inclinação da planície, dividem a quantidade total, fazendo que ela se ramifique em tantas porções iguais e pequenas, que a aridez ou o transbordamento são igualmente evitados em todos os lugares. A fidelidade conjugal é sempre proporcional ao número e à liberdade dos casamentos. Onde os casamentos são gover-

---

20 Nota de Beccaria: Essa atração se assemelha em muitos pontos à da gravidade, que move o Universo, porque, como ela, diminui com a distância; e se uma força controla todos os movimentos dos corpos físicos, a outra controla os da mente durante a continuidade de seu domínio. Mas elas diferem no fato de que, ao passo que a gravidade é contrabalançada por obstáculos, a outra, na maior parte do tempo, ganha força e vigor com o aumento dos próprios obstáculos que se opõem a ela.

nados por preconceitos hereditários, ou amarrados ou soltos pelo poder paternal, lá as correntes são quebradas por intrigas secretas, a despeito da moralidade comum, que, embora seja conivente com as causas do delito, tem o dever de declamar contra os resultados. Mas não há necessidade de tais reflexões para o indivíduo que, vivendo sob a luz da verdadeira religião, tem motivos mais elevados para corrigir a força dos efeitos naturais. Esse crime é de cometimento tão instantâneo e secreto, tão oculto pelo próprio véu que as leis lhe colocaram em volta (um véu necessário, de fato, mas frágil, e que aumenta, em vez de diminuir, o valor do objeto desejado), as ocasiões para ele são tão fáceis e as consequências tão duvidosas, que o legislador tem mais poder para impedi-lo do que para o punir.

Como regra geral, em todo crime que, por sua natureza, deve ficar impune com mais frequência, a penalidade associada a ele se torna um incentivo. É uma qualidade de nossa imaginação que as dificuldades, caso não sejam intransponíveis nem muito difíceis, relativamente à energia mental da pessoa em particular, estimulam a imaginação de forma mais vívida e colocam o objeto desejado em uma perspectiva mais ampla, já que elas servem como barreiras para impedir que uma fantasia errática e inconstante abandone seu objeto. Enquanto obrigam a imaginação a considerar o objeto em todos os seus aspectos, ela se apega mais ao lado agradável, para o qual nossa mente se inclina mais naturalmente, do que ao lado doloroso, que ela coloca à distância.

A pederastia, tão severamente punida pelas leis e tão prontamente submetida às torturas que triunfam sobre a inocência, baseia-se menos nas necessidades do ser humano que viva em um estado de isolamento e liberdade, do que em suas paixões, quando vive em um estado de sociedade e escravidão. Ele deriva sua força não tanto da saciedade do prazer quanto do sistema de educação atualmente em voga, que, começando por tornar as pessoas inúteis para si mesmas a fim de torná-las úteis para as outras, causa, por sua reclusão muito rigorosa, um desperdício de todo desenvolvimento vigoroso e acelera a aproximação da velhice.

O infanticídio também é o resultado do dilema inevitável em que se encontra uma mulher que, por fraqueza ou violência, caiu. Vendo-se colocada entre a alternativa da infâmia, de um lado, e a morte de um ser insciente de suas dores, de outro, como ela pode deixar de preferir a segunda alternativa à infalível miséria que a aguarda, tanto a ela quanto à sua infeliz prole? A melhor maneira de evitar esse crime seria dar proteção legal eficiente à fraqueza contra a tirania, que exagera os vícios que não podem ser escondidos pelo manto da virtude.

Não pretendo diminuir a justa ira que esses crimes merecem; mas, ao indicar suas fontes, considero-me justificado para chegar a uma conclusão geral, que é a de que nenhuma punição para um crime pode ser considerada exatamente justa, isto é, necessária, enquanto a lei não tiver adotado os melhores meios possíveis, nas circunstâncias de um país, para evitar os crimes que pune.

CAPÍTULO XXXVII
DO TIPO PARTICULAR DE CRIME

O leitor deste tratado perceberá que omiti qualquer referência a uma certa classe de crime que inundou a Europa com sangue humano, um crime que ergueu aquelas pilhas fatais, onde corpos humanos vivos serviam de alimento para as chamas, e onde a multidão cega buscava um espetáculo agradável e uma doce harmonia nos gemidos baixos e monótonos emitidos pelos infelizes sofredores por volumes de fumaça negra, a fumaça de membros humanos, enquanto seus ossos e entranhas ainda palpitantes eram queimados e consumidos pelas chamas. Mas os homens sensatos verão que o local, a idade e o assunto não me permitem investigar a natureza de tal crime. Seria muito longo e distante do meu assunto mostrar como uma perfeita uniformidade de pensamento deve, ao contrário da prática de muitos países, ser uma necessidade em um Estado, como opiniões que diferem apenas nos graus mais sutis e imperceptíveis e estão completamente fora do alcance da inteligência humana podem convulsionar a sociedade, quando uma delas não é legalmente autorizada em detrimento das outras. A natureza das opiniões é de divergência. Ao passo que algumas se tornam mais claras em virtude de chegarem a um consenso por meio do conflito e da oposição (algumas verdadeiras, flutuando e sobrevivendo, algumas falsas, afundando no esquecimento), outras, sem autossuporte inerente, precisam ser revestidas de autoridade e poder.

Seria muito longo provar que, por mais odioso que possa parecer o governo da força sobre as mentes humanas, sem outros triunfos pelos quais se vangloriar a não ser a dissimulação e o rebaixamento, e por mais contrário que possa parecer ao espírito de gentileza e fraternidade, ordenado tanto pela razão quanto pela autoridade que mais veneramos, ele ainda é necessário e indispensável. Tudo isso deve ser considerado como claramente comprovado e em conformidade com os verdadeiros interesses da humanidade, se houver alguém que, com autoridade reconhecida, aja de acordo. Falo apenas de crimes que surgem da natureza da humanidade e do pacto social, e não de pecados dos quais até mesmo as punições temporais devem ser reguladas por outros princípios que não sejam os de uma filosofia estreita.

CAPÍTULO XXXVIII
FALSAS IDEIAS DE UTILIDADE

As falsas ideias de utilidade[21] adotadas pelos legisladores são uma fonte de erros e injustiças. É uma falsa ideia de utilidade que pensa mais na inconveniência dos indivíduos do que na inconveniência geral, que tiraniza os sentimentos dos seres humanos, em vez de levá-los à ação, que diz à razão: "Seja submissa". É uma falsa ideia de utilidade que sacrifica mil vantagens reais por uma desvantagem imaginária ou insignificante, que privaria as pessoas do uso do fogo porque ele queima ou da água porque ela afoga, e cujo único remédio para os males é a destruição total de suas causas. De tal tipo são as leis que proíbem o uso de armas, pois elas apenas desarmam aqueles que não estão inclinados nem decididos a cometer crimes, ao passo que aqueles que têm a coragem de violar as leis mais sagradas da humanidade, as mais importantes no código de leis, são pouco propensos a serem induzidos a respeitar essas leis menores e puramente arbitrárias, que são mais fáceis de violar com impunidade e cuja estrita observância implicaria a destruição de toda a liberdade pessoal (a liberdade mais cara ao legislador esclarecido e aos homens em geral), sujeitando os inocentes a vexações que somente os culpados merecem. Essas leis, embora piorem ainda mais a situação dos agredidos, melhoram a de seus agressores, aumentam, em vez de diminuir, o número de homicídios por causa da maior confiança de que um homem desarmado pode ser atacado do que um armado. Elas não são tão preventivas de crimes quanto temerosas deles, pois acontecem em função da excitação despertada por fatos particulares, e não de qualquer consideração fundamentada das vantagens ou desvantagens de um decreto geral. Além disso, é uma falsa ideia de utilidade, que procuraria dar

---

21 Segundo a explicação de Hilton Japiassu e Danilo Marcondes em seu "Dicionário básico de filosofia" (São Paulo: Zahar, 1993 p. 273), utilitarismo consiste em uma teoria desenvolvida no século XIX pelos filósofos liberais ingleses Jeremy Bentham (1784-1832) e Stuart Mill (1806-1873), segundo a qual "as ações são boas quando tendem a promover a felicidade e más quando tendem a promover o oposto da felicidade".

a uma multidão de seres inteligentes a mesma simetria e ordem que a matéria bruta e inanimada admite, que negligencia os motivos atuais, as únicas influências constantemente poderosas com a generalidade dos seres humanos, para dar força a motivos remotos e futuros, cuja impressão é muito breve e fraca, a menos que uma força de imaginação além do que é habitual compense, por seu poder de ampliação, a distância do objeto. Por fim, é uma falsa ideia de utilidade que, sacrificando a coisa ao nome, distingue o bem público do bem de cada membro individual da população.

Há uma diferença entre o estado de sociedade e o estado de natureza: no último, um selvagem só comete lesões contra outros com o objetivo de beneficiar a si mesmo, ao passo que no primeiro os indivíduos são às vezes levados por leis ruins a ferir outros sem nenhum benefício correspondente para si mesmos. O tirano lança o medo e o pavor nas mentes de seus escravos, mas eles retornam por repercussão com força ainda maior para atormentar seu peito. Quanto mais restrito for o alcance do medo, menos perigoso ele será para aquele que faz dele o instrumento de sua felicidade. Mas, quanto mais público ele for e quanto maior for o número de pessoas que ele agitar, maior será a probabilidade de haver algum indivíduo imprudente, desesperado ou esperto e ousado que tentará usar os outros para atingir os próprios fins, criando neles esperanças, que são tanto mais agradáveis e sedutoras quanto maior for o risco incorrido nelas e quanto menor for o valor atribuído pelos miseráveis à sua existência em proporção à sua miséria. Esta é a razão pela qual as ofensas sempre dão origem a novas ofensas: o ódio ser um sentimento muito mais duradouro do que o amor, na medida em que deriva sua força da própria causa que enfraquece o último, ou seja, da continuidade dos atos que o produzem.

CAPÍTULO XXXIX
DO ESPÍRITO DE FAMÍLIA

As iniquidades fatais e legalizadas mencionadas foram aprovadas até pelos indivíduos mais sábios e praticadas até pelas repúblicas mais livres em razão de considerarem a sociedade mais como um agregado de famílias do que como um agregado de indivíduos. Suponhamos que haja 100 mil pessoas ou 20 mil famílias, cada uma com cinco pessoas, incluindo seu chefe representativo: se a associação for constituída por famílias, ela consistirá de 20 mil indivíduos e 80 mil pessoas escravizadas; se for uma associação de indivíduos, ela consistirá de 100 mil cidadãos e nenhum escravizado. No primeiro caso, haverá uma república, formada por 20 mil pequenas soberanias; no segundo, o espírito republicano respirará, não apenas nos mercados e reuniões do povo, mas também dentro das paredes dos lares, onde reside uma parte tão grande da felicidade ou miséria humana. No primeiro caso, também, como as leis e os costumes são o resultado dos sentimentos habituais dos membros da república, isto é, dos chefes de família, o espírito monárquico se introduzirá gradualmente, e seus efeitos só serão controlados pelos interesses conflitantes dos indivíduos, não por um sentimento que respire liberdade e igualdade. O espírito familiar é um espírito detalhista e limitado a fatos de pouca importância. Mas o espírito que regula as comunidades domina os princípios gerais, ignora a totalidade dos fatos e os combina em tipos e classes, de importância para o bem-estar do maior número. Na comunidade das famílias, os filhos permanecem sob o poder do chefe da família enquanto ele vive e são obrigados a esperar sua morte para ter uma existência dependente apenas das leis. Acostumados à submissão e ao medo na época mais fresca e vigorosa da vida, quando seus sentimentos são menos modificados por aquela timidez, decorrente da experiência, que os seres humanos chamam de moderação, como eles resistirão aos obstáculos no caminho da virtude que o vício sempre se opõe, naquele período fraco e fraco da vida, quando o desespero de viver para ver o fruto de seus trabalhos os impede de fazer mudanças vigorosas?

Quando a comunidade é formada por indivíduos, a subordinação que prevalece na família prevalece por acordo, não por compulsão, e assim que a idade retira os filhos de seu estado de dependência natural, decorrente de sua debilidade e de sua necessidade de educação e proteção, eles se tornam membros livres da comunidade doméstica, submetendo-se a seu chefe, a fim de compartilhar suas vantagens como as pessoas livres fazem pela sociedade em geral. Na outra condição, os filhos, isto é, a maior e mais útil parte de uma nação, são colocados totalmente à mercê de seus pais, embora não haja nenhuma conexão obrigatória entre eles, além daquela sagrada e inviolável da administração natural da ajuda necessária e da gratidão pelos benefícios recebidos, que é menos frequentemente destruída pela maldade nativa do coração humano do que por um estado de sujeição ordenado pela lei e mal concebido.

Essas contradições entre as leis de uma família e as leis fundamentais de um Estado são uma fonte fértil de outras contradições entre a moralidade pública e a privada, dando origem, consequentemente, a um conflito perpétuo em cada mente individual. Ao passo que a moralidade privada inspira medo e sujeição, a moralidade pública ensina coragem e liberdade. Ao passo que a primeira inculca a restrição do bem fazer a um pequeno número de pessoas indiscriminadamente, a segunda inculca sua extensão a todas as classes de pessoas, e ao passo que a primeira impõe o sacrifício constante de si mesmo a um ídolo vão, chamado de "bem da família" (que frequentemente não é o bem de nenhum dos membros que a compõem), a outra ensina as pessoas a se beneficiarem, desde que não violem as leis, e as incita, pela recompensa do entusiasmo, que é o precursor de sua ação, a se sacrificarem pelo bem de seu país. Tais contradições fazem que indivíduos desdenhem de seguir a virtude, que consideram tão complicada e confusa, e que os distancia de objetivos tanto morais quanto físicos em razão de sua obscuridade. Quantas vezes acontece de um indivíduo, ao refletir sobre suas ações passadas, ficar surpreso ao se descobrir desonesto. Quanto mais a sociedade cresce, menor é a fração do todo em que cada membro se torna, e mais o sentimento de comunidade diminui, a menos que as leis tenham o cuidado de os reforçar. As sociedades, assim como os corpos humanos, têm seus limites circunscritos, cuja extensão além deles envolve inevitavelmente uma perturbação de sua economia. O tamanho de um Estado deve, aparentemente, variar inversamente com a sensibilidade de suas partes componentes; caso contrário, se ambos aumentarem juntos, as boas leis encontrarão, no próprio benefício que elas efetuaram, um obstáculo para a prevenção de crimes. Uma república grande demais só pode se salvar do despotismo por meio de um processo de subdivisão e de uma união das partes em outras tantas repúblicas federativas. Mas, como fazer isso, a não ser por um ditador despótico com a coragem de Sila[22] e com tanto gênio para a construção quanto para a destruição? Se tal indivíduo for ambicioso, a glória de todas as eras o aguarda, e se ele for um filósofo, as bênçãos de seus concidadãos o consolarão pela perda de sua autoridade, mesmo que ele não se torne indiferente à ingratidão deles. Na proporção em que os sentimentos que nos unem à nossa nação são enfraquecidos, aqueles ao nosso redor ganham força. É por isso que, sob o mais severo despotismo, as amizades mais fortes podem ser encontradas, e que as virtudes familiares, sempre de caráter exaltado, são as mais comuns ou as únicas. É evidente, portanto, quão limitadas têm sido as visões da grande maioria dos legisladores.

---

22   Eleito ditador em 82 a.C., o primeiro desde o final do século III a.C., Lúcio Cornélio Sila foi um dos mais importantes políticos e militares de seu tempo, tendo se destacado em diversas guerras em que destituiu do poder diferentes generais do exército. Reuniu soldados e invadiu Roma para restaurar a situação anterior, tornando-se o primeiro em toda a história do Império Romano a ter a coragem de tomar essa cidade com o uso da força.

CAPÍTULO XL
DO TESOURO

Houve uma época em que quase todas as penalidades eram pecuniárias. Os crimes das pessoas eram o patrimônio do príncipe, uma vez que as tentativas contra a segurança pública eram um objeto de ganho, e aquele cuja função era defendê-la tinha interesse em vê-la ser atacada. O objeto da punição era, então, um processo entre o Tesouro, que exigia a penalidade, e o criminoso, ou seja, era um negócio civil, uma disputa privada em vez de pública, que conferia ao Tesouro outros direitos além daqueles conferidos a ele pelos apelos da defesa pública, enquanto infligia ao infrator outras queixas além daquelas em que ele havia incorrido pela necessidade do exemplo. O juiz era, portanto, um defensor do Tesouro em vez de um investigador imparcial da verdade, um agente do chanceler do Tesouro em vez de um protetor e ministro das leis. Mas como nesse sistema confessar uma falha era a mesma coisa que confessar-se devedor do Tesouro, sendo esse o objetivo do processo criminal naqueles dias, a confissão de um crime, e uma confissão administrada de modo a favorecer, e não prejudicar os interesses fiscais, tornou-se e ainda permanece (os efeitos sempre superam suas causas por tanto tempo) o ponto central de todo processo criminal. Sem essa confissão, um criminoso condenado por provas indubitáveis incorrerá em uma pena menor do que a legalmente associada ao seu crime; e sem ela ele escapará da tortura por outros crimes do mesmo tipo que possa ter cometido. Com ela, por outro lado, o juiz se torna senhor da pessoa do criminoso, para dilacerá-lo por meio de métodos e formalidades, a fim de obter dele, como de um estoque, todo o lucro que puder. Em razão do fato de o crime ser comprovado, a confissão fornece uma prova convincente; e, para tornar essa prova ainda menos passível de dúvida, ela é forçosamente exigida pelas agonias e desespero da dor física, ao passo que uma confissão extrajudicial, oferecida com calma e indiferença, sem os temores avassaladores de um julgamento por tortura, é considerada insuficiente para um veredicto de culpa. Inquéritos e provas que lançam luz sobre o fato, mas que enfraquecem as reivindicações do Tesouro, são excluídos, pois não é por consideração à sua miséria e fraqueza que um criminoso às vezes é poupado da tortura, mas sim por consideração às reivindicações que essa entidade mítica e inconcebível pode perder. O juiz se torna inimigo do acusado, que está acorrentado diante dele, presa da miséria, de tormentos e do futuro mais terrível. Ele não procura encontrar a verdade de um fato, mas encontrar o crime no prisioneiro, tentando enredá-lo, e pensando nisso para a perda de seu crédito se não conseguir fazê-lo, e em detrimento daquela infalibilidade que os seres humanos fingem possuir sobre tudo. A evidência que justifica a prisão de um indivíduo cabe ao juiz. Para que uma pessoa possa provar sua inocência ela deve, primeiro, ser declarada culpada. Isso é chamado de acusação com o intuito de prejudicar o acusado, e esses são os processos criminais em quase todas as partes da Europa esclarecida, no século XVIII. A verdadeira acusação, aquela dentro do exercício regular de direito de todos os cidadãos, isto é, a investigação indiferente de um fato, como a razão exige, como os códigos militares empregam e como é usada até pelo despotismo asiático em casos triviais e sem importância, é de uso muito escasso nos tribunais da Europa. Que labirinto complexo de estranhos absurdos, sem dúvida incrível para uma posteridade mais afortunada! Somente os filósofos daquela época lerão na natureza do ser humano a possível realidade de um sistema como o que existe agora.

CAPÍTULO XLI
A PREVENÇÃO DE DELITOS — DO CONHECIMENTO — MAGISTRADOS — RECOMPENSAS — EDUCAÇÃO

É melhor prevenir delitos do que ter de os punir. Esse é o principal objetivo de todo bom sistema de legislação, que é a arte de conduzir as pessoas à maior felicidade possível ou à menor miséria possível, de acordo com o cálculo de todos os bens e males da vida. Mas os meios até agora empregados para esse fim são, em sua maioria, falsos e contrários ao fim proposto. É impossível reduzir a atividade turbulenta dos seres humanos a uma harmonia geométrica sem qualquer irregularidade ou confusão. Assim como as leis constantes e mais simples da natureza não impedem as aberrações nos movimentos dos planetas, nas atrações infinitas e contraditórias do prazer e da dor os distúrbios e a desordem não podem ser evitados pelas leis humanas. No entanto, essa é a quimera que pessoas de mente estreita perseguem, quando têm o poder em suas mãos. Proibir uma série de atos indiferentes não é impedir os delitos que podem surgir deles, mas é criar novos crimes a partir deles; é dar definições caprichosas de virtude e vício que são proclamadas como eternas e imutáveis em sua natureza. A que seríamos reduzidos se fosse necessário proibir tudo o que pudesse nos tentar a cometer um crime? Seria necessário privar o indivíduo do uso de seus sentidos. Para um motivo que leva as pessoas a cometerem um crime real, há mil que as levam a cometer esses atos indiferentes que são chamados de crimes por leis ruins. E se a probabilidade de cometimento de delitos é proporcional ao número de motivos para cometê-los, um aumento do campo de crimes é um aumento da probabilidade de sua prática. A maioria das leis nada mais é do que privilégios ou um tributo pago por todos para a conveniência de alguns poucos.

Para que o cometimento de crimes seja evitado é preciso que as leis sejam claras e simples, usando toda a força de uma nação em sua defesa, sem permitir que qualquer parte dela se ocupe em as derrubar. As leis devem favorecer não tanto as classes de pessoas, mas as próprias pessoas. Devem fazer que as pessoas temam as leis e somente as leis. Salutar é o medo da lei, mas fatal e fértil em crimes é o medo de um indivíduo em relação a outro.

Pessoas em condição de escravização são mais imorais e mais cruéis do que as pessoas livres. Ao passo que essas últimas dedicam suas mentes às ciências ou aos interesses de seus países, colocando importantes objetivos diante de si como modelo, as primeiras, satisfeitas com a passagem do dia, buscam na excitação da libertinagem uma distração do nada de sua existência e, acostumadas a uma incerteza de resultado em tudo, consideram o resultado de seus crimes também incerto e, assim, decidem a favor da paixão que as tenta. Se a incerteza das leis afeta uma nação que se tornou indolente por causa de seu clima, sua indolência e estupidez são mantidas e aumentadas; se afeta uma nação que, embora goste de prazeres, também é cheia de energia, ela desperdiça essa energia em uma série de cabalas e intrigas mesquinhas, que espalham desconfiança em todos os corações e fazem da traição e da dissimulação o fundamento da prudência. Se afeta uma nação corajosa e valente, a incerteza acaba destruída depois de muitas oscilações da liberdade para a servidão, bem como da servidão de volta para a liberdade.

Para evitar crimes é preciso enxergar que o esclarecimento acompanha a liberdade. Os males que decorrem do conhecimento são inversos à sua difusão, já que os benefícios são diretamente proporcionais a ele. Um impostor ousado, que nunca é um indivíduo comum, é adorado por um povo ignorante e desprezado por um povo esclarecido. O conhecimento, ao facilitar as comparações entre os objetos e multiplicar os pontos de vista das pessoas, coloca em contraste muitas noções diferentes, fazendo que elas se modifiquem mutuamente, tanto mais facilmente quanto os mesmos pontos de vista e as mesmas dificuldades são observadas em outros. Em face de um esclarecimento nacional amplamente difundido, as calúnias da ignorância se calam, e a autoridade, desarmada de pretextos para sua manifestação, treme, pois enquanto a força rigorosa das leis permanecer inabalada nenhum indivíduo de boa educação terá qualquer aversão aos claros e úteis pactos públicos que garantem a segurança comum em comparação à liberdade insignificante e inútil sacrificada por ele mesmo com a soma total de todas as liberdades sacrificadas por outros, que sem as leis poderiam ter sido hostis a ele mesmo. Quem tem uma alma sensível, quando contempla um código de leis bem feitas e descobre que só perdeu a liberdade perniciosa de prejudicar os outros, vai se sentir impelido a abençoar o trono e o monarca que se senta nele.

Não é verdade que as ciências sempre foram prejudiciais à humanidade, pois quando assim se comportaram, foi um mal inevitável. A multiplicação da raça humana sobre a face da Terra introduziu a guerra, as artes mais rudes e as primeiras leis, meros acordos temporários que pereceram com a necessidade que os originou. Essa era a filosofia primitiva da humanidade, cujos poucos elementos eram justos, porque a indolência e a pouca sabedoria de seus criadores os preservaram do erro. Mas, com a multiplicação dos seres humanos, houve sempre uma multiplicação de suas necessidades. Impressões mais fortes e duradouras eram, portanto, necessárias, a fim de desviá-los de repetidos lapsos para aquele estado primitivo de desunião que cada retorno a ele tornava pior. Essas ilusões primitivas, portanto, que povoaram a Terra com falsas divindades e criaram um universo invisível que governava o nosso, conferiram um grande benefício – quero dizer, um grande benefício político – à humanidade. Esses indivíduos foram benfeitores de sua espécie, que ousaram enganá-los e arrastá-los, dóceis e ignorantes, para adorar em seus altares. Ao apresentar-lhes objetos que estavam além do alcance do sentido e que fugiam de seu alcance quanto mais pareciam se aproximar deles – nunca desprezados em razão de nunca terem sido bem compreendidos – eles concentraram suas paixões divididas em um único objeto de supremo interesse para eles. Esses foram os primeiros passos de todas as nações que se formaram originadas de tribos selvagens; essa foi a época em que comunidades maiores foram formadas, e esse era seu vínculo necessário e talvez o único. Não digo nada sobre o povo escolhido de Deus, para quem os milagres mais extraordinários e os favores mais significativos substituíram a política humana. Mas, como é a qualidade do erro cair em infinitas subdivisões, as ciências que se originaram dele fizeram da humanidade uma multidão cega e fanática que, encerrada em um labirinto fechado, colide em tal confusão que algumas mentes sensíveis e filosóficas lamentam até hoje o antigo estado selvagem. Essa é a primeira época em que as ciências, ou melhor, as opiniões foram prejudiciais.

A segunda época da história consiste na difícil e terrível transição dos erros para a verdade, das trevas da ignorância para a luz. O grande choque entre os erros que são úteis para algumas pessoas de poder e as verdades que são úteis para as fracas e para muitas, e o contato e a fermentação das paixões despertadas em tal período, são uma fonte de infinitos males para a infeliz humanidade. Quem quer que reflita sobre as diferentes histórias do mundo, que após certos intervalos de tempo são tão parecidas em seus episódios principais, observará com frequência o sacrifício de toda uma geração para promover o bem-estar das seguintes, na dolorosa, mas necessária, transição das trevas da ignorância para a luz da filosofia, e do despotismo para a liberdade, que resultam do sacrifício. Mas quando a verdade, cujo progresso a princípio é lento e, depois, rápido (depois que as mentes dos homens se acalmam e o fogo que purificou uma nação dos males que ela sofreu é apagado), senta-se como companheira dos reis no trono e é reverenciada e adorada nos parlamentos de governos livres, quem ousará afirmar que a luz que ilumina o povo é mais prejudicial do que a escuridão, e ainda que reconhecer as relações verdadeiras e simples das coisas é pernicioso para a humanidade?

Se a ignorância cega é menos perniciosa do que o conhecimento confuso, uma vez que esse último acrescenta aos males da ignorância os do erro, que é inevitável em uma visão estreita dos limites da verdade, o presente mais precioso que um soberano pode dar a si mesmo ou a seu povo é um indivíduo esclarecido como administrador e guardião das leis sagradas. Acostumados a ver a verdade, e não a temer os fatos, a maioria dos indivíduos independentes das exigências da reputação, que nunca são completamente satisfeitas, colocam a virtude dos seres humanos à prova. Uma pessoa acostumada a considerar a humanidade de pontos de vista mais elevados, que considere sua nação uma família de irmãos e de irmãs, a distância entre os nobres e o povo lhe parecerá tão menor quanto ela é diante de sua mente o maior de toda a espécie humana. Os filósofos adquirem desejos e interesses desconhecidos da generalidade dos seres humanos, mas aquele que está acima de todos os outros, o de não desmentir em público os princípios que ensinaram na obscuridade, e adquirem o hábito de amar a verdade por ela mesma. A seleção de tais pessoas faz a felicidade de um povo, mas uma felicidade que é apenas transitória, a menos que boas leis aumentem seu número, de modo a diminuir a probabilidade, sempre considerável, de uma escolha infeliz.

Outra maneira de prevenir crimes é fazer os magistrados que aplicam as leis procurarem preservá-las em vez de corrompê-las. Quanto maior for o número de pessoas que compõem a magistratura, menor será o perigo de exercerem qualquer poder indevido sobre as leis, pois a venalidade[23] é mais difícil entre os indivíduos que estão sob a estreita observação uns dos outros, e seu incentivo para aumentar sua autoridade individual diminui em proporção à pequena parcela que pode caber a cada um deles, especialmente quando a comparam com o risco da tentativa. Se o soberano acostumar seus súditos, por meio de formalidades e pompa, por meio de decretos severos e pela recusa em ouvir as queixas, justas ou injustas, do indivíduo que se considera oprimido, a temer antes os magistrados do que as leis, isso será mais para o lucro dos magistrados do que para o ganho da segurança tanto privada quanto pública.

Outra maneira de prevenir delitos é recompensar a virtude. Com relação a isso, noto um silêncio geral nas leis de todas as nações até os dias de hoje. Se os prêmios oferecidos pelas academias aos descobridores de verdades úteis causaram a multiplicação do conhecimento e de bons livros, por que as ações virtuosas também não deveriam ser multiplicadas por prêmios distribuídos pela munificência do soberano? O dinheiro da honra sempre permanece inesgotável e frutífero nas mãos do legislador que o distribui com sabedoria.

---

23 Atributo negativo de servidor público que exige ou recebe dinheiro para realizar algo ilícito no exercício de sua função (VENALIDADE. **Michaelis**. Disponível em: https://michaelis.uol.com.br/moderno-portugues/busca/portugues-brasileiro/venalidade/. Acesso em: 14 jun. 2023).

Por fim, o meio mais seguro, porém mais difícil, de prevenir que haja delitos é melhorar a educação – um assunto muito vasto para a presente discussão e que está além dos limites de meu tratado. Esse assunto, também direi, muito intimamente ligado à natureza do governo para que jamais tenha sido nada além de um campo estéril, cultivado apenas aqui e ali por alguns filósofos, até as mais remotas eras de prosperidade pública. Um grande ser humano, que ilumina a humanidade que o persegue, mostrou em detalhes as principais máximas educacionais de real utilidade para a raça humana, a saber, que elas consistem menos em uma multiplicidade estéril de assuntos do que em sua seleção; em substituir originais por cópias nos fenômenos morais e físicos apresentados por acaso ou por intenção às mentes frescas da juventude; em incliná-los à virtude pelo caminho fácil do sentimento; e em dissuadi-los do mal pelo caminho seguro da necessidade e da desvantagem, não pelo método incerto do comando, que nunca obtém mais do que uma obediência simulada e transitória.

CAPÍTULO XLII
CONCLUSÃO

De tudo o que foi dito pode-se deduzir um teorema geral, de grande utilidade, embora pouco compatível com o costume, que é o legislador comum das nações. O teorema é o seguinte: "Para que toda punição não seja um ato de violência, cometido por um indivíduo ou por muitos contra um único indivíduo, ela deve ser, acima de tudo, pública, rápida, necessária, a menor possível nas circunstâncias dadas, proporcional ao seu delito, ditada pelas leis".

CRIMES E PUNIÇÕES[24]

---

24 Título original "Crimes and Punishments", de James Anson Farrer, publicado por Chatto & Windus. Picadilly, London, 1880.

CAPÍTULO I
A VIDA E O CARÁTER DE BECCARIA

O livro "Dei delitti e delle pene" foi publicado pela primeira vez em 1764. Rapidamente passou por várias edições e foi traduzido pela primeira vez para o francês em 1766, por André Morellet[25], e desde então foi realizada a tradução para a maioria dos idiomas da Europa, sem excluir o grego e o russo.

O autor do livro era natural de Milão, então parte dos domínios austríacos e sob o governo do conde Firmian, um digno representante do despotismo liberal de Maria Teresa e de seu principal ministro, Kaunitz. Sob a administração de Firmian teve início um período de reformas benéficas para a Lombardia. A agricultura foi incentivada, os museus e as bibliotecas foram ampliados e grandes obras de utilidade pública foram realizadas. Até a Igreja foi despojada de seus privilégios e, antes de Firmian completar dez anos na Lombardia, todos os vestígios de imunidade eclesiástica haviam sido destruídos. A jurisdição da Igreja e seu poder de manter terras em regime de inalienabilidade foram restringidos, o direito de asilo foi abolido e, acima de tudo, extinto o Santo Ofício da Inquisição. Esses poucos fatos são suficientes para indicar o espírito do ambiente político imediato em meio ao qual a obra de Beccaria surgiu.

Mas, apesar do liberalismo do conde Firmian, as leis penais e os costumes da Lombardia continuavam os mesmos, apesar de o cruel procedimento legal por meio de tortura ainda existir, intocado pelas reformas salutares efetuadas em outros departamentos do governo. Havia a tortura preparatória usada para extrair a confissão de criminosos ainda não condenados, e a tortura para a descoberta dos cúmplices de um criminoso, bem como havia a tortura extraordinária ou maior, que precedia a execução de uma sentença de morte. É verdade que a tortura só podia ser aplicada a crimes de natureza capital, mas dificilmente havia um ato

---

25 André Morellet (1727-1819) foi um dos filósofos do iluminismo, eleito membro da Académie française em 1785.

na possível categoria de crimes que não fosse punido com a morte. As provas de culpa eram buscadas quase que inteiramente na tortura e em acusações secretas, ao passo que as penalidades dependiam menos do texto de qualquer lei conhecida do que da discrição – ou seja, do capricho – do magistrado.

Foi esse sistema que a pequena obra de Beccaria[26] destruiu e, se esse tivesse sido seu único resultado, ainda mereceria viver na memória dos homens apenas por seu interesse histórico. Pois sobre a legislação daquela época, e especialmente sobre a da Itália, esse panfleto sobre Direito Penal irrompeu como um raio de sol em um calabouço, tornando ainda mais negro o que já era negro antes, pelo próprio brilho que derramou sobre ele. A Beccaria pertence principalmente, embora não exclusivamente, a glória de ter expulsado o uso da tortura de todos os tribunais legais da cristandade.

Frederico[27], o Grande, já a havia abolido na Prússia. Ela havia sido descontinuada na Suécia, não era reconhecida nos códigos militares da Europa, e Beccaria disse que não era usada na Inglaterra. Isso era verdade de modo geral, embora a *peine forte et dure*[28], pela qual um prisioneiro que não quisesse pleitear era submetido a ser espremido quase até a morte por um peso de ferro, não tenha sido abolida até o ano de 1771.

É notável que um livro que fez mais pela reforma da lei do que qualquer outro, antes ou depois, tenha sido escrito por um indivíduo que não era advogado de profissão, que era totalmente desconhecedor

---

26 Beccaria nasceu em 1738, e seu livro foi publicado em 1764. Portanto, ele tinha apenas 26 anos quando esse episódio ocorreu. O panfleto sobre Direito Penal deve se referir à época em que ele escreveu a carta.

27 Frederico II (1712-1786) governou o Reino da Prússia de 1740 a 1786, o reinado mais longo de qualquer rei naquele território.

28 Do francês: "punição forte e dura". Na lei inglesa era uma punição infligida a acusados de um crime que permaneciam em silêncio, recusando-se a se declarar culpados ou inocentes, ou àqueles que desafiavam mais de 20 jurados em potencial. Por exemplo, a lei inglesa permitia que os réus tivessem o direito de contestar jurados que pudessem ser prejudicados, mas os tribunais não queriam dar aos réus o direito de abusar dessa regra, permitindo que eles escolhessem jurados amigáveis a dedo (JENKINS, John Philip. **Encyclopaedia Britannica**. Disponível em: https://www.britannica.com/topic/peine-forte-et-dure. Acesso em: 2 jun. 2023).

da prática jurídica e que tinha apenas 26 anos quando atacou um sistema de lei que tinha a seu favor todas as autoridades, vivas e mortas. Hume[29] não tinha vinte e sete anos quando publicou seu "Tratado sobre a natureza humana", tampouco Berkeley[30] tinha mais de vinte e seis anos quando publicou "Princípios do conhecimento humano". A precocidade semelhante demonstrada por Beccaria é sugestiva, portanto, para a investigação de até a que ponto as maiores revoluções nos pensamentos ou costumes do mundo foram originadas por escritores com menos de trinta anos de idade.

A seguinte carta de Beccaria a André Morellet, em agradecimento pela tradução de seu tratado feita por ele, talvez seja a melhor introdução à vida e ao caráter do autor. A carta em questão foi citada por Villemain[31] como prova da dívida da literatura italiana do século passado com a da França, mas, pelas alusões contidas nela a Hume e à revista *Spectator*[32], é evidente que algo também era devido à nossa. Beccaria havia passado oito anos de sua juventude no colégio dos jesuítas em Parma, e essa carta demonstrará sua gratidão. A seguir, uma tradução da maior parte dela:

> Sua carta despertou em mim sentimentos da mais profunda estima, da maior gratidão e da mais terna amizade. Sequer posso confessar-lhe o quanto me sinto honrado ao ver minha obra traduzida para o idioma de uma nação que é a mestra e a iluminadora da Europa. Devo tudo aos livros franceses. Eles despertaram em minha mente sentimentos de humanidade que haviam sido

---

29 David Hume (1711-1776), filósofo britânico considerado um dos mais importantes pensadores do Iluminismo escocês e da história da filosofia.
30 George Berkeley (1685-1753) foi um filósofo idealista irlandês que ficou "conhecido por sua filosofia empirista e idealista, que sustenta que a realidade consiste apenas em mentes e suas ideias; tudo, exceto o espiritual, existe apenas na medida em que é percebido pelos sentidos" (DUIGMAN, Brian. **Encyclopaedia Britannica**. Disponível em: https://www.britannica.com/biography/George-Berkeley. Acesso em: 2 jun. 2023).
31 Abel-François Villemain (1790-1870) foi um político e escritor francês, notável professor da Sorbonne e da Escola Normal Superior, e ministro da Educação de 1839 a 1845 (Wikipedia. Disponível em: https://pt.wikipedia.org/wiki/Abel-Fran%C3%A7ois_Villemain. Acesso em: 2 jun. 2023).
32 Revista semanal com os melhores jornalistas, autores, críticos e cartunistas britânicos, desde 1828.

sufocados por oito anos de uma educação fanática. Não tenho palavras para expressar o prazer com que li sua tradução; você embelezou o original, e seu arranjo parece mais natural e preferível ao meu. O senhor não precisava temer ofender a vaidade do autor: em primeiro lugar, porque um livro que trata da causa da humanidade pertence, uma vez publicado, ao mundo e a todas as nações igualmente; e quanto a mim em particular, eu teria feito pouco progresso na filosofia do coração, que coloco acima da do intelecto, se não tivesse adquirido a coragem de ver e amar a verdade. Espero que a quinta edição, que aparecerá em breve, se esgote logo, e asseguro-lhe que na sexta eu seguirei inteiramente, ou quase, o arranjo de sua tradução, que coloca a verdade sob uma luz melhor do que aquela que eu procurei colocar.

Quanto à obscuridade que você encontra na obra, ouvi, enquanto escrevia, o choque das correntes que a superstição ainda sacode e os gritos do fanatismo que abafam a voz da verdade; e a percepção desse espetáculo assustador me induziu, às vezes, a cobrir a verdade com nuvens. Eu queria defender a verdade, sem me tornar seu mártir. Essa ideia da necessidade de obscuridade fez que eu obscurecesse algumas vezes sem necessidade. Acrescente-se a isso minha inexperiência e minha falta de prática na escrita, perdoáveis em um autor de vinte e oito anos, que há apenas cinco anos começou a trilhar a carreira das letras.

D'Alembert, Diderot, Helvetius, Buffon, Hume, nomes ilustres, que ninguém pode ouvir sem se emocionar! Suas obras imortais constituem meu estudo contínuo, o objeto de minha ocupação durante o dia, de minha meditação no silêncio da noite. Cheio da verdade que vocês ensinam, como eu poderia ter queimado incenso para adorar o erro ou me rebaixar para mentir à posteridade? Sinto-me recompensado além de minhas esperanças pelos sinais de estima que recebi dessas pessoas célebres, meus mestres. Transmita a cada um deles, peço-lhe, meus mais humildes agradecimentos, e assegure-lhes que sinto por eles aquele profundo e verdadeiro respeito que uma alma sensível nutre pela verdade e pela virtude.

Minha ocupação é cultivar a filosofia em paz e, assim, satisfazer minhas três paixões mais fortes: o amor, isto é, a fama literária; o amor pela liberdade; e a piedade pelos males da humanidade, escravos de tantos erros. Minha conversão à filosofia data de apenas cinco anos atrás, e devo isso à leitura das "Cartas persas"[33]. A segunda obra que completou minha revolução mental foi a de Helvetius[34]. Esse último me forçou irresistivelmente a seguir o caminho da verdade e despertou minha atenção pela primeira vez para a cegueira e as misérias da humanidade.

[...] Levo uma vida tranquila e solitária, se é que uma companhia seleta de amigos, na qual o coração e a mente estão em contínuo movimento, pode ser chamada de solidão. Esse é o meu consolo e evita que eu me sinta em meu país como se estivesse no exílio.

Meu país está completamente imerso em preconceitos, deixados por seus antigos mestres. Os milaneses não têm perdão para aqueles que gostariam que eles vivessem no século XVIII. Em uma capital que conta com 120 mil habitantes você dificilmente encontrará vinte que gostem de se instruir e que se sacrifiquem à verdade e à virtude. Meus amigos e eu, convencidos de que as obras periódicas estão entre os melhores meios para tentar algum tipo de leitura em mentes incapazes de aplicações mais sérias, estamos publicando em jornais, à maneira do *Spectator* inglês, uma obra que, na Inglaterra, contribuiu bastante para aumentar a cultura mental e o progresso do bom senso. Os filósofos franceses têm uma colônia nessa América, e nós somos seus discípulos porque somos os discípulos da razão.

Assim, os dois escritores que mais influenciaram Beccaria foram Montesquieu e Helvetius. As "Cartas persas" do primeiro, que satiri-

---

33 *Cartas persas* (*Lettres persanes*) é uma compilação de textos do filósofo francês Barão de Montesquieu escritos de 1711 a 1720, obra publicada anonimamente, em 1721.
34 Claude Adrien Helvetius (1715-1771) foi um filósofo francês que ampliou o empirismo ao abordar questões morais e políticas.

zavam tantas coisas que eram costumeiras na época, continham muito pouco sobre leis penais; mas a ideia de que os crimes dependem muito pouco da suavidade ou severidade das punições associadas a eles foi iniciada pela primeira vez. A "imaginação", diz o escritor, "curva-se por si mesma aos costumes do país; e oito dias de prisão ou uma pequena multa oferecem tanto terror para um europeu criado em um país de maneiras suaves quanto a perda de um braço teria para um asiático". O "Espírito das leis", do mesmo autor, provavelmente contribuiu mais para a formação dos pensamentos de Beccaria do que as "Cartas persas", pois é impossível ler o décimo segundo livro dessa obra sem ficar impressionado com a semelhança de ideias. O "Do Espírito", de Helvetius, foi condenado pela Sorbonne como "uma combinação de todos os vários tipos de veneno espalhados pelos livros modernos". No entanto, foi um dos livros mais influentes da época. Encontramos Hume recomendando-o a Adam Smith por sua composição agradável, mais do que por sua filosofia; e um escritor que tinha muito em comum com Beccaria extraiu dele a mesma inspiração que ele. Esse escritor foi Bentham, que nos conta que, quando tinha cerca de 20 anos e visitava seu pai e sua madrasta no campo, costumava andar atrás deles lendo um livro, e que seu autor favorito era Helvetius.

A influência da filosofia francesa predominante aparece em todo o tratado de Beccaria. A justiça humana é baseada na ideia de utilidade pública, e o objetivo da legislação é conduzir os homens à maior felicidade possível ou à menor miséria possível. A veia de insatisfação com a vida e de descrença na virtude humana é uma característica marcante da filosofia de Beccaria. Para ele, a vida é um deserto em que alguns prazeres físicos estão espalhados aqui e ali, seu país é apenas um lugar de exílio, exceto pela presença de alguns amigos engajados, como ele, em uma guerra contra a ignorância. As ideias humanas de moralidade e virtude só foram produzidas no decorrer de muitos séculos e após muito derramamento de sangue, mas, por mais lento e difícil que tenha sido seu crescimento, elas estão sempre prontas para desaparecer à menor brisa que sopre contra elas.

Beccaria nutre um desespero semelhante em relação à verdade. A história da humanidade representa um vasto mar de erros em que, em raros intervalos, apenas algumas verdades flutuam na superfície; e a durabilidade das grandes verdades é como a de um relâmpago quando comparada com a longa e escura noite que envolve a humanidade. Por essa razão, ele está pronto para ser o servo da verdade, não seu mártir, recomendando tanto na busca pela verdade como em outros assuntos da vida um pouco daquela "indolência filosófica" que não se preocupa muito com os resultados, que um escritor como Montaigne é o mais adequado para inspirar.

Os poucos amigos selecionados que tornaram a vida em Milão suportável foram Pietro e Alessandro Verri, Frisi e alguns outros. Pietro Verri era dez anos mais velho que Beccaria, e foi sob sua orientação que esse último escreveu seu primeiro tratado sobre um assunto que exigia alguma atenção na época, a saber, "Observações sobre a tortura"[35]. Essa obra foi publicada dois anos antes de "Dos delitos e das penas", mas, embora tenha provocado muita discussão na época, há muito tempo deixou de ter qualquer interesse.

O conde Pietro Verri era filho de Gabriel, que se distinguia tanto por seu conhecimento jurídico quanto por sua alta posição em Milão. Na casa de Pietro, Beccaria e os outros amigos costumavam se reunir para discutir e estudar questões políticas e sociais. Alessandro, o irmão mais novo de Pietro, ocupava o cargo de "protetor dos prisioneiros", um cargo que consistia em visitar as prisões, ouvir as queixas dos detentos e descobrir, se possível, razões para sua defesa ou misericórdia. Diz-se que as situações angustiantes que ele presenciou nessa função tiveram o efeito mais marcante sobre ele, e não há dúvida de que esse fato fez que a atenção dos amigos fosse tão direcionada para a situação das leis penais. Acredita-se que foi por instigação dos dois irmãos que Beccaria empreendeu o trabalho que estava destinado a tornar seu nome tão famoso.

---

35 Pietro Verri (1728-1797) foi um economista, historiador, filósofo e escritor destacando-se entre as personalidades mais importantes da cultura italiana do século XVIII. É considerado um dos pais do Iluminismo. O tema central do livro de Pietro Verri, "Observações sobre a tortura", escrito entre 1770 e 1777, é a reconstrução, apoiada em documentos, de um processo criminal realizado em Milão no ano de 1630.

Por que, então, Pietro Verri não o escreveu ele mesmo? A resposta parece ser esta: por deferência à posição e às opiniões de seu pai. Foi algum tempo depois que Gabriel defendeu o uso da tortura no Senado de Milão, e Pietro escreveu uma obra sobre tortura que não foi publicada durante a vida de seu pai. Provavelmente também foi em função da posição do pai que Alessandro ocupou o cargo de protetor dos prisioneiros, de modo que havia razões óbvias que impediam qualquer um dos irmãos de realizar o trabalho em questão.

Em certa ocasião, foi dito que a obra era realmente de Pietro Verri, e não de Beccaria, pois foi publicada anonimamente e fora de Milão. As circunstâncias domésticas de Pietro deram algum crédito a essa história, assim como o fato de que ele se encarregou de fazer uma cópia correta do manuscrito, de modo que uma cópia do tratado realmente existe na caligrafia de Pietro. A história, no entanto, foi desmentida há muito tempo. Mas, para mostrar o grande interesse que Pietro teve no trabalho e a pronta assistência que deu a seu amigo, uma carta de Beccaria para ele, com relação à segunda edição, merece ser mencionada, na qual Beccaria lhe pede não apenas para revisar a ortografia corretamente, mas também, em geral, para apagar, acrescentar e corrigir, como lhe aprouver. Parece que ele já estava cansado do sucesso literário, pois diz a seu amigo que, se não fosse pelo motivo de preservar sua estima e de proporcionar um novo alimento à sua amizade, ele deveria, por indolência, preferir a obscuridade à própria glória.

Não há dúvida de que Beccaria sempre teve uma forte preferência pela vida contemplativa, em oposição à vida prática e ativa, e que, se não fosse por seu amigo Pietro Verri, ele provavelmente nunca teria se destacado. Ele teria dito, como afirmou Platão, que um indivíduo sábio deveria considerar a vida como uma tempestade e se esconder atrás de um muro até que ela passasse. Ele quase diz isso em seu ensaio sobre os "Prazeres da imaginação", publicado logo após "Dos delitos e das penas". Ele aconselha seu leitor a ficar de lado e observar o resto da humanidade enquanto eles correm em sua confusão cega; a fazer que suas relações com eles sejam as menores possíveis; e se ele for fazer algum bem a eles, que o faça a uma distância que os impeça de perturbá-lo ou arrastá-lo em seu turbilhão. Que ele, em feliz contemplação, desfrute em silêncio os poucos momentos que separam seu nascimento de seu desaparecimento. Que ele deixe os homens lutarem, esperarem e morrerem; e com um sorriso, tanto para si mesmo quanto para eles, que ele repouse suavemente naquela indiferença iluminada com relação às coisas humanas que não o privará do prazer de ser justo e benéfico, mas que o poupará daqueles problemas inúteis e das mudanças do mal para o bem que atormentam a maior parte da humanidade.

Esse ensaio sobre a "Imaginação" foi publicado logo após "Dos delitos e das penas" no periódico ao qual Beccaria faz alusão em sua carta a Morellet. "O café" era o nome do periódico em que, a partir de junho de 1764, ele e seus amigos publicaram a cada dez dias por um período de dois anos. O modelo do jornal era o inglês "Spectator", e seu objetivo era propagar conhecimento útil de forma agradável entre os milaneses, ao passo que seu nome se baseava na suposição de que os amigos que o compunham executavam seus trabalhos durante as reuniões em uma cafeteria. As contribuições mais interessantes de Beccaria são seu "Fragmento sobre estilo", seu artigo sobre "Jornais periódicos" e seu ensaio sobre os "Prazeres da imaginação".

A publicação de "Dos delitos e das penas" interrompeu os sonhos de tranquilidade filosófica de seu autor, realizando suas esperanças de fama literária. Os enciclopedistas franceses foram os primeiros a reconhecer seus méritos, e D'Alembert[36], o matemático, imediatamente previu para o escritor a recompensa de uma reputação imortal. A tradução de Morellet, na qual o arranjo, embora não a matéria do texto, foi inteiramente alterado, passou por sete edições em seis meses, e Beccaria, como foi visto, ficou muito satisfeito com a honra que lhe foi conferida para reclamar de qualquer forma das liberdades tomadas pelo tradutor com o original.

Uma honra ainda maior foi o comentário escrito por Voltaire. O fato de que, a apenas alguns quilômetros de sua residência, uma garota de dezoito anos havia sido enforcada pela exposição de uma criança bas-

---

36   Jean Le Rond d'Alembert (1717-1783) foi um filósofo, matemático e físico francês que participou da elaboração da *Enciclopédia*, a primeira enciclopédia publicada na Europa, dedicando-se também à Literatura e à Filosofia.

tarda levou Voltaire a saudar a obra de Beccaria como um sinal de que um período de modos mais suaves e leis mais humanas estava prestes a surgir na história do mundo. Não deveria um povo, argumenta ele, que, como os franceses, se orgulha de sua polidez, também se orgulhar de sua humanidade? Deveria manter o uso da tortura, meramente porque era um costume antigo, quando a experiência da Inglaterra e de outros países mostrava que os crimes não eram menos numerosos em países onde ela era usada, e quando a razão indicava o absurdo de infligir a um indivíduo, antes de sua condenação, uma punição mais horrível do que aquela que aguardaria sua culpa comprovada? O que poderia ser mais cruel, também, do que a máxima da lei de que uma pessoa que perdesse sua vida perderia suas propriedades? O que poderia ser mais desumano do que punir uma família inteira pelo crime de um indivíduo, talvez condenando a esposa e os filhos a mendigar o pão porque o chefe da família havia abrigado um pregador protestante ou ouvido seu sermão em uma caverna ou deserto? Em meio à variedade de leis que governavam a França, pode-se dizer que o objetivo do processo criminal de levar um indivíduo acusado à destruição era a única lei uniforme em todo o país.

Um sucesso tão significativo na França era garantia suficiente de sucesso em outros lugares. O conhecimento do livro deve ter atravessado rapidamente o Canal da Mancha, pois Blackstone[37] o citou no mesmo ano após sua publicação. O livro foi traduzido pela primeira vez para o inglês em 1768, juntamente ao comentário de Voltaire. Mas, assim como a tradução de Morellet afirmava ter sido publicada na Filadélfia, o tradutor inglês manteve seu nome em segredo. A Sociedade Econômica de Berna, que estava acostumada a conceder uma medalha de ouro ao escritor do melhor tratado sobre qualquer assunto, violou as próprias regras em favor do escritor anônimo de "Dos delitos e das penas", convidando-o a revelar seu nome e a aceitar a medalha de ouro "como um sinal de estima devido a um cidadão que ousou levantar sua voz em favor da humanidade contra os preconceitos mais profundamente arraigados".

---

37 Sir William Blackstone (1723-1780) foi um jurista inglês, cuja obra intitulada *Commentaries on the Laws of England*" (Comentários sobre as leis da Inglaterra), publicado em 1765-69, constitui a descrição mais conhecida das doutrinas da lei inglesa.

Mas havia outro lado do brilho desse sucesso. Na literatura, assim como na guerra, nenhuma posição de honra pode ser conquistada ou mantida sem perigo, e Beccaria parece ter tido consciência disso quando alegou, contra a acusação de obscuridade, que ao escrever ele tinha diante de seus olhos o medo da perseguição eclesiástica. Seu amor pela verdade, ele confessou, parou diante do risco de martírio. Ele tinha, de fato, três avisos muito claros para justificar seus temores. Muratori[38], o historiador, havia sofrido muito com acusações de heresia e ateísmo, cuja imunidade a consequências piores se dava em função principalmente da proteção liberal do papa Bento XIV[39]. O marquês Scipio Maffei[40] também havia sofrido acusações semelhantes por seu tratamento histórico do tema do livre-arbítrio. Mas havia uma advertência ainda mais forte do que essas, e que provavelmente não passaria despercebida por um indivíduo com juventude e vida pela frente: esse foi o destino do infeliz Giannone[41], que, apenas dezesseis anos antes de Beccaria escrever, havia terminado com sua vida na cidadela de Turim, uma prisão que durou vinte anos, por causa de certas observações sobre a Igreja de Roma que ele havia sido imprudente o suficiente para inserir em sua "História de Nápoles".

De todos os ataques que a publicação de "Dos delitos e das penas" provocou, o mais amargo veio naturalmente de uma pena teológica. No exato momento em que a obra de Beccaria foi publicada, a República de Veneza estava ocupada em uma violenta disputa com o Conselho Inquisitorial dos Dez[42], e imaginando que as observações

---

38 Lodovico Antonio Muratori (1672-1750) foi um acadêmico e pioneiro da historiografia italiana.
39 Prospero Lorenzo Lambertini (1675-1758) foi um italiano que se tornou o papa Bento XIV de 17 de agosto de 1740 até sua morte. Promoveu o sistema filosófico e teológico de Santo Tomás de Aquino (1225-1274), bem como atuou para reverter o princípio da separação entre instituições governamentais e instituições religiosas crescente nos tribunais europeus de sua época.
40 Francesco Scipione Maffei (1675-1755) foi um escritor italiano de estudos histórico-culturais e de numerosas peças teatrais de acordo com a estética francesa.
41 Pietro Giannone (1676-1748) foi um filósofo, historiador e jurista italiano que se opôs à influência papal em Nápoles, motivo de ter sido excomungado e preso.
42 Criado em 10 de julho de 1310, o Conselho dos Dez, como era comumente denominado, foi um dos principais órgãos, comitê executivo e judicial, do governo da República de Veneza responsável pela segurança da República. Instituiu, em 1539, a função dos três inquisidores de Estado, um tribunal secreto para reprimir todas as ameaças contra o Estado.

de Beccaria sobre acusações secretas tinham sido dirigidas contra o procedimento de seu famoso tribunal, enquanto atribuíam a obra a um nobre veneziano chamado Quirini, proibiram sua circulação sob pena de morte. Foi em nome deles e com essa crença que o padre dominicano Facchinei pegou sua caneta e escreveu um livro intitulado "Notas e observações sobre Dos delitos e das penas", no qual ele argumentou não apenas que as acusações secretas eram o melhor, mais barato e mais eficaz método de fazer justiça, mas também que a tortura era uma espécie de misericórdia para um criminoso, purgando-o em sua morte do pecado da falsidade.

Nessas "Notas e observações" Beccaria e sua obra foram atacados com aquele vigor e lucidez pelos quais a escola dominicana de redação sempre foi tão notável. O autor foi descrito como "um homem de mente estreita", "um louco", "um impostor estúpido", "cheio de amargura venenosa e mordacidade caluniosa". Ele foi acusado de escrever "com impostura sacrílega contra a Inquisição", de acreditar que "a religião era incompatível com o bom governo de um Estado". Assim, ele foi condenado "por todo o mundo sensato como inimigo do cristianismo, um mau filósofo e um mau homem". Seu livro foi estigmatizado como "oriundo do mais profundo abismo das trevas, horrível, monstruoso, cheio de veneno", contendo "argumentos miseráveis", "blasfêmias insolentes" e assim por diante.

Essa fulminação chegou a Milão em 15 de janeiro de 1765 e, no dia 21, a *Risposta,* ou resposta, estava pronta para ser publicada. Essa defesa foi obra de seus amigos, os irmãos Verri, e foi publicada, como o original, anonimamente. Em razão de ter sido escrita na primeira pessoa em todo o texto, foi geralmente atribuída, na época e até recentemente, ao mesmo autor do original, mas o fato agora está estabelecido, sem sombra de dúvida, que os verdadeiros autores foram Pietro e seu irmão. Os escritores sabiamente se abstiveram do uso de linguagem retaliatória, limitando-se em sua defesa apenas a acusações de irreligião e sedição, respondendo a seis que acusavam Beccaria, da última e a vinte e três, que o declaravam culpado da primeira.

Mas é provável que Beccaria tivesse sua fuga da perseguição atribuída menos à sua apologia do que à proteção liberal do conde Firmian, que em seu relatório sobre o caso à Corte de Viena falou da *Risposta* como "cheia de moderação e honrosa para o caráter de seu autor". O fato de o conde concordar plenamente com as opiniões de Beccaria sobre a tortura é comprovado por uma carta que ele escreveu, na qual se declara muito satisfeito com o que Beccaria havia dito sobre o assunto. Sua vaidade, disse ele, havia sido lisonjeada por isso, pois seus sentimentos sobre a tortura sempre foram os mesmos. Para ele, o livro parecia ter sido escrito com muito amor pela humanidade e muita imaginação. Beccaria sempre reconheceu sua gratidão ao conde por sua ação nessa questão. Escreveu a Morellet que sua tranquilidade ocorria em função de o conde ter protegido seu livro, e quando, alguns anos depois, publicou seu livro discorrendo sobre o "estilo", dedicou-o a Firmian como seu benfeitor, agradecendo-lhe por ter dispersado as nuvens que a inveja e a ignorância haviam acumulado densamente sobre sua cabeça, e por ter protegido aquele cujo único objetivo era declarar com a maior cautela e respeito os interesses da humanidade.

Menos perigosa do ponto de vista pessoal do que a crítica teológica, mas mais perniciosa para a reforma, foi a crítica hostil que imediatamente surgiu da densa falange de advogados profissionais, os "homens práticos" de pensamento sólido. Deles, apenas dois pequenos trechos precisam ser resgatados do esquecimento, como ilustrações das objeções levantadas contra ideias que, desde então, tornaram-se a base comum de toda a legislação subsequente, tanto na América quanto na Europa. O primeiro trecho é de uma obra sobre justiça criminal de um advogado de Provence, que em 1770 escreveu o seguinte:

> O tratado "Dos delitos e das penas", em vez de lançar qualquer luz sobre o assunto dos crimes, ou sobre a maneira pela qual eles deveriam ser punidos, tende a estabelecer um sistema das mais perigosas e novas ideias, que, se adotadas, iriam tão longe a ponto de derrubar as leis recebidas até então pela maior parte de todas as nações civilizadas.

E um defensor do Parlamento de Paris assim se expressou, em refutação a Beccaria:

> O que se pode pensar de um autor que presume estabelecer seu sistema sobre os detritos de todas as noções até então aceitas, que, para acreditá-lo, condena todas as nações civilizadas e que não poupa sistemas jurídicos, nem magistrados, nem advogados?

Mas de interesse histórico muito maior do que essa crítica é a de Ramsay, o poeta e pintor escocês, a quem Diderot mostrou uma cópia do tratado de Beccaria, e que escreveu uma carta sobre ele para o último, a qual, embora contenha algumas críticas muito justas a Beccaria, ainda assim tem uma leitura muito curiosa à luz da história subsequente e ilustra graficamente o desespero de toda reforma então sentida pela maioria dos seres humanos de reflexão.

Ramsay argumenta que as leis penais de um determinado país só podem ser consideradas caso façam referência às necessidades de um determinado país, e não em abstrato, bem como que o governo de um país sempre aplicará as leis com vistas à própria segurança e que nada menos do que uma revolução geral fará os detentores do poder político ouvirem por um momento as reivindicações dos filósofos.

> Mas [ele continua], uma vez que seria uma loucura absurda esperar essa revolução geral, essa reconstrução geral, que só poderia ser efetuada por meios muito violentos, que seriam, pelo menos, um grande infortúnio para a geração atual, e que trariam uma perspectiva incerta de compensação para a próxima, todo trabalho especulativo, como o "Dos delitos e das penas", entra na categoria de utopias, de repúblicas platônicas e outros governos ideais; que demonstram, de fato, a inteligência, a humanidade e a bondade de seus autores, mas que nunca tiveram nem nunca terão qualquer influência sobre os assuntos humanos. [...]
>
> Sei que os princípios gerais que tendem a iluminar e melhorar a raça humana não são absolutamente inúteis [...] que o esclarecimento das nações não deixa de ter algum efeito sobre seus governantes [...] desde que a prerrogativa desses últimos, seu

poder, sua segurança, sua autoridade e sua segurança não sejam afetados por isso. [...] sei bem que esse esclarecimento geral, tão alardeado, é uma quimera bela e gloriosa, com a qual os filósofos adoram se divertir, mas que logo desapareceria se eles abrissem a história e vissem a que causas são atribuídas às instituições aperfeiçoadas. As nações da Antiguidade passaram, e as do presente passarão, antes que a filosofia e sua influência tenham reformado um único governo [...]

[...] Os gritos dos sábios e filósofos são como os gritos do homem inocente na roda, onde eles nunca impediram nem jamais impedirão que ele morra, com os olhos voltados para o céu, o que talvez algum dia desperte o entusiasmo, ou a loucura religiosa, ou alguma outra loucura vingativa, para realizar tudo o que sua sabedoria não conseguiu fazer. Nunca é o discurso do filósofo que desarma o poderoso governante; é outra coisa que a combinação de eventos casuais provoca. Enquanto isso, não devemos tentar forçá-lo, mas devemos suplicar humildemente pelo bem que ele pode nos conceder, ou seja, o que ele pode nos conceder sem prejudicar a si mesmo.

Ramsay estava tão certo que, independentemente de uma revolução ser ou não a única esperança para teorias como a de Beccaria, a realização de muitas delas foi um dos primeiros resultados dessa revolução geral, que para Ramsay parecia tão impossível e indesejável. Sua carta, assim como é uma expressão característica da apatia comum e do desespero pela mudança que, às vezes, aflige até os mais otimistas e esperançosos, também é, por causa de seu desespero equivocado, uma boa cura para estados de desânimo semelhantes. Pois o triunfo completo das teorias de Beccaria sobre a tortura, para não falar de outras melhorias na lei que ele viveu para testemunhar, é talvez o exemplo mais marcante na história da conquista da teoria sobre a prática. Apesar de sua teoria estar em total desacordo com as crenças e ideias de toda a escola prática, Beccaria viveu para ver a tortura ser abolida, não apenas na Lombardia e na Toscana, mas também na Áustria em geral, em Portugal e na Suécia, na Rússia e na França. No entanto, os temores de Ramsay na época eram mais razoáveis do que as esperanças de Beccaria.

Houve poucos acontecimentos na vida de Beccaria, e o único episódio interessante foi sua visita a Paris, em 1766. Para lá, ele e seu amigo Pietro foram convidados por Morellet[43], em nome dos filósofos de Paris, e para lá ele partiu em outubro de 1766, não com Pietro, uma vez que não podia sair de Milão, mas com Alessandro Verri, em uma viagem que incluiu Londres e Paris, e que ocupou, ao todo, um período de seis meses.

Alguns anos antes, Beccaria não poderia ter imaginado uma honra maior. Associar-se aos filósofos que ele tanto reverenciava, sendo ele próprio um filósofo, que maior felicidade ou recompensa poderia ter pedido? No entanto, quando ela chegou, não havia nenhum encanto nela, e foi com dificuldade que ele conseguiu ser persuadido a ir. Pois, junto a seu amor pela distinção, havia a concorrência do amor de sua esposa, e se ele preferia a companhia dela à das celebridades mais sábias e espirituosas de Paris, quem dirá que ele era o pior filósofo por isso?

Quando a visita a Paris foi cogitada, era uma questão de não ir ou de deixar Teresa para trás, pois não havia dinheiro suficiente para que ela viajasse também. Beccaria, embora filho de um marquês e de origem nobre, não era rico. Quando, aos vinte e três anos, casou-se com Teresa, seu pai se opôs tanto ao casamento, alegando falta de fortuna, que, por algum tempo após o casamento, recusou-se a receber o jovem casal em sua casa, e eles viveram em considerável pobreza. Apelou-se mesmo ao próprio governo para que interrompesse, se possível, um casamento tão inadequado, mas os amantes seguiram o próprio caminho, é claro, no final, embora só depois de algum tempo a briga doméstica tenha sido resolvida e, ao que parece, por meio da mediação de Pietro Verri.

Beccaria certamente teria feito melhor se não tivesse ido a Paris. Suas cartas para a esposa durante sua ausência mostram que ele estava infeliz o tempo todo. Em cada carta ele calculava o tempo que passaria antes de seu retorno, e havia uma corrente uniforme de angústia e afeto em

---

43 André Morellet (1727-1819) foi um economista e escritor francês, um dos filósofos do Iluminismo.

todas as descrições de sua viagem. Era frequente a certeza de que, se não fosse por ter se tornado ridículo, ele voltaria imediatamente. De Lyon, ele escreveu que estava em um estado da mais profunda melancolia e que sequer o teatro francês, que ele tanto esperava, conseguia diverti-lo, ao pedir à esposa que preparasse as pessoas para seu rápido retorno, dizendo-lhes que o ar da França teve um efeito ruim sobre sua saúde.

Mesmo quando chegou a Paris, e Beccaria e Alessandro foram calorosamente recebidos por D'Alembert, Morellet, Diderot e o barão Holbach, a saudade de casa permaneceu. "Você não acreditaria", disse Beccaria à sua esposa, "nas boas-vindas, na polidez, nas demonstrações de amizade e estima que eles demonstraram por mim e por meu companheiro. Diderot, o barão Holbach e D'Alembert nos encantaram especialmente. Esse último é uma pessoa superior e, ao mesmo tempo, muito simples. Diderot demonstrou entusiasmo e bom humor em tudo o que fez. Em resumo, nada me falta além de você. Todos fazem o melhor que podem para me agradar, e aqueles que fazem isso são os melhores homens da Europa. Todos eles se dignam a me ouvir, e ninguém demonstra o menor ar de superioridade". No entanto, Morellet nos contou que, mesmo na chegada, Beccaria estava tão absorto em melancolia que era difícil conseguir que quatro palavras consecutivas saíssem de sua boca.

Seis dias após sua chegada, Beccaria escreveu em um tom semelhante: que ele estava em meio a adorações e aos elogios mais lisonjeiros, considerado como o companheiro e colega dos maiores homens da Europa, visto com admiração e curiosidade, sua companhia disputada, na capital dos prazeres, perto de três teatros, um deles a *Comédie Française*[44], o espetáculo mais interessante do mundo, no entanto, ele estava infeliz e descontente, e não conseguia encontrar distração em nada. Ele disse à esposa que estava em excelente estado de saúde, mas que ela devia dizer exatamente o contrário, para que houvesse um bom pretexto para seu retorno e, para melhor garantir isso, ele enviou à esposa outra carta que ela poderia mostrar a seus pais, na qual, ao final de muitas notícias gerais

---

44 Um teatro criativo desde sua fundação, em 1680, a *Comédie Française* apresenta um repertório de textos clássicos e contemporâneos, tanto franceses quanto estrangeiros.

sobre Paris, ele atribuía incidentalmente o efeito ruim para sua saúde o fato de beber as águas do Sena. Ele lamentava ter de recorrer a essa ficção, mas considerava que as circunstâncias o justificavam.

Assim, ele fez uma rápida viagem de volta, deixando seu companheiro para visitar a Inglaterra sozinho. Essa expedição a Paris foi o único evento que quebrou o equilíbrio de sua vida. Seus amigos franceses o abandonaram, e Morellet, em suas memórias, chegou a ponto de falar que ele estava meio louco. Mas foi para sua amizade com os irmãos Verri que essa viagem a Paris foi mais desastrosa, e nada é mais lamentável do que os ciúmes mesquinhos que, a partir de então, afastaram completamente dele seus primeiros amigos. A culpa parece ter recaído principalmente sobre os dois irmãos, cujas cartas (publicadas apenas recentemente) revelaram uma quantidade de amargura contra Beccaria para a qual é difícil encontrar qualquer justificativa, e que elimina para sempre todas as reivindicações de seus escritores a qualquer nobreza real de caráter. Eles se queixaram uns dos outros dos ares parisienses de Beccaria, de seu orgulho literário, de sua falta de gratidão. Eles se alegraram ao pensar que a reputação de Beccaria estivesse em declínio, que seus ilustres amigos em Paris não lhe enviavam cópias de seus livros, que ele não recebia cartas de Paris. Os irmãos Verri chegaram a ponto de saudar as críticas adversas de "Dos delitos e das penas" e esperar que esse "livro de ouro" fosse encerrado para sempre. Alessandro escreveu a seu irmão que todos os seus pensamentos estavam voltados para os meios de mortificar Beccaria, e a vingança que os irmãos achavam mais apropriada para humilhá-lo era que Alessandro ampliasse os limites de suas viagens, de modo a se comparar favoravelmente com Beccaria aos olhos dos milaneses. Eles se deleitavam em chamá-lo de louco, imbecil, arlequim, dando ouvidos a tudo o que as fofocas diziam em seu descrédito. Pietro via na ação mais insignificante uma intenção de ofender, e ficava especialmente irritado quando sua ambição literária era tocada[45]. Ele se irritava com o

---

45 Pietro havia enviado alguns de seus manuscritos para Morellet, talvez na esperança de que ele se oferecesse para traduzi-los. De qualquer forma, Beccaria não trouxe de Paris nenhum elogio a Pietro, e a chave para os sentimentos de Pietro estava nas palavras que ele escreveu para seu irmão no dia seguinte ao retorno de Beccaria: "Ele não me disse uma sílaba sequer que mostre que alguém sabe em Paris que eu estou no mundo".

fato de Beccaria receber elogios pela apologia escrita contra Facchinei, sendo que a obra foi inteiramente escrita por ele mesmo, com alguma ajuda de seu irmão, mas sem uma vírgula sequer da mão de Beccaria. Alguns livros que Beccaria havia trazido para ele de Paris, ele imaginava que eram realmente presentes dos autores, acreditava que D'Alembert havia enviado sua obra literária "Ensaio sobre os elementos de filosofia" de própria vontade, e não a pedido de Beccaria, como esse último havia representado; mas até Alessandro admitiu que era a respeito dos livros, como Beccaria havia dito. [Em suma, toda a correspondência mostra que Pietro Verri era extremamente ciumento do sucesso que ele mesmo havia ajudado seu amigo a alcançar, e que a vaidade literária decepcionada era a verdadeira explicação de sua afeição repentinamente transmutada].

Mas, para deixar de lado esse episódio desagradável da vida de Beccaria, Catarina II, logo após seu retorno a Milão, convidou-o a ir a São Petersburgo para ajudar na preparação de seu pretendido código de leis. Parece que, de acordo com uma das cartas de Pietro Verri, Beccaria estava, a princípio, inclinado a aceitar a proposta, mas é improvável que qualquer oferta desse tipo realmente o tivesse tentado a trocar os sóis italianos pelas neves russas, mesmo que Kaunitz e Firmian não tivessem resolvido remover a tentação, fazendo que seus talentos fossem úteis em casa. Isso foi feito ao nomeá-lo professor de Economia Política na Escola Palatina de Milão, em novembro de 1768, e suas palestras publicadas sobre esse assunto formam a maior obra que ele já escreveu.

Não há necessidade de acompanhar mais detalhadamente a vida de Beccaria, pois dessa época até sua morte, vinte e seis anos depois, ele nunca fez nem escreveu nada que o colocasse novamente sob os olhos do mundo[46]. Seu tempo era dividido entre os afazeres de sua família e de seu país. Mas, mesmo como membro do governo, ele nunca ocupou nenhum cargo muito importante nem se destacou de alguma forma em relação a seus colegas. Três anos antes de sua morte, tornou-se membro

---

46 Em seus escritos intitulados "Memórias", Morellet afirma: "De volta a Milão, ele fez pouco, e seu fim não correspondeu ao seu início, um fenômeno comum entre os homens de letras italianos, que têm um primeiro fogo muito vivo, mas que, aos 25 e 30 anos, ficam desiludidos como Salomão e reconhecem que a Ciência é vaidade, sem ter esperado para ser tão erudito quanto ele."

de um comitê para a reforma da jurisprudência civil e criminal, e ele e seu antigo amigo Pietro Verri viveram para ver muitos dos ideais de sua juventude se tornarem realidade em suas vidas adultas, eles mesmos ajudando a promover sua realização. É característico de Beccaria que, em duas ocasiões, quando o rei de Nápoles foi visitá-lo em sua casa, ele se ausentou propositalmente para evitar o incômodo de uma entrevista. Assim, ele viveu até a idade de cinquenta e seis anos, pouco notado pelo mundo, amante da solidão em vez da sociedade, preferindo alguns poucos amigos a muitos conhecidos, levando uma vida tranquila e útil, mas até o fim fiel à filosofia que professou em sua juventude, de que é melhor viver como mero espectador do mundo do que como alguém com qualquer interesse direto no jogo.

CAPÍTULO II
A INFLUÊNCIA GERAL DE BECCARIA NA LEGISLAÇÃO

Nos dias de uma administração mais branda das leis penais do que há um século, os mais otimistas poderiam ter sonhado em fazer plena justiça àqueles que trabalharam, como Beccaria e seus amigos, com o risco de suas vidas e liberdades, por essas mesmas imunidades das quais desfrutamos agora. Não podemos conceber que algum dia tenha sido necessário argumentar contra a tortura, ou que tenha sido uma atitude ousada fazê-lo, tampouco podemos conceber que esse método nefasto de infligir sofrimento às pessoas tenha tido seus defensores, ou que os homens tenham se contentado com o sofisma de que tortura era, de fato, um mal, mas um mal necessário e inevitável.

O próprio sucesso do trabalho de Beccaria nos acostumou tanto com seu resultado que estamos aptos a considerá-lo, assim como as pessoas consideram uma esplêndida catedral em sua cidade natal, com muito pouco reconhecimento de suas reivindicações de admiração. A obra está lá, eles a veem, vivem sob sua sombra, estão até prontos para se gabar dela, mas o que é para eles o trabalho e o risco de seus construtores, ou o cuidado e o pensamento de seus arquitetos? Pode-se dizer que essa indiferença é a própria consumação que Beccaria mais desejaria, pois é a prova mais evidente do sucesso de seu trabalho. De fato, esse sucesso foi tão significativo que as atrocidades que os homens daquela época aceitavam como condições inalteráveis de sua existência, ou às quais se resignavam como salvaguardas necessárias da sociedade, tornaram-se tão repulsivas para a memória do mundo que os homens concordaram em escondê-las de sua consciência histórica, raramente lendo, escrevendo ou falando sobre a existência de métodos de tortura. E esse é certamente um fato que deve ser lembrado com esperança, quando ouvimos um mal como a guerra, com todas as atrocidades que a acompanham, ser defendida hoje em dia exatamente pelos mesmos argumentos que, há pouco mais de cem anos, foram usados em favor da tortura, mas que se mostraram insuficientes para mantê-la em vigor.

Pode-se perguntar até a que ponto Beccaria foi o primeiro a protestar contra a crueldade e o absurdo da tortura. Deve-se responder que, embora de fato ele não tenha sido o primeiro, foi o primeiro a fazê-lo com efeito. O diferencial entre os escritores anteriores sobre o assunto e Beccaria é a diferença entre um indivíduo cujas ideias estiveram à frente das de sua época e outro que eleva as ideias de sua época ao mesmo nível que as suas. No século XVI, em seu ensaio intitulado "Da consciência"[47], Montaigne disse claramente que colocar um indivíduo na forca era mais um teste de paciência do que de verdade, uma vez que a dor tinha a mesma probabilidade de extorquir uma confissão falsa do que uma verdadeira. Afirmou ainda que um juiz, ao fazer que um ser humano fosse torturado para que não morresse inocente, fazia ele morrer tanto inocente quanto torturado. Além disso, Grevius Clivensis escreveu uma obra enquanto estava preso em Amsterdã, na qual tentava provar que a tortura era iníqua, falaciosa e anticristã, publicada em 1624. Quase um século depois, um jesuíta, Spee, escreveu contra o uso da tortura, bem como contra as práticas cruéis em vigor contra as bruxas. E, mais tarde, Montesquieu, vinte anos antes de Beccaria, argumentou que, em razão de uma nação civilizada como a Inglaterra ter abandonado a tortura sem consequências ruins, ela era, portanto, desnecessária, embora ele não tenha chegado a uma conclusão definitiva sobre o assunto.

O próprio Beccaria estava pronto o suficiente para remeter todos os seus pensamentos à inspiração francesa e deixar de lado qualquer pre-

---

47 Michel Eyquem de Montaigne (1533-1592), mais conhecido apenas como Montaigne, foi um filósofo renascentista e escritor francês que produziu diversos ensaios – gênero textual opinativo em que o autor expõe ideias, reflexões e impressões, avaliando algum tema específico. Montaigne adotou o princípio grego da famigerada frase "conhece a ti mesmo" ao interpretar aspectos da autoinvestigação da consciência. Ele criticou a tortura como instrumento de investigação, alegando que muitas vítimas da tortura revelam o que não sabem ao explicar que: "Quem a não pode suportar esconde a verdade tanto quanto quem a suporta; pois por que a dor o levaria a confessar o que é mais do que o que não é? [...] para chegar à verdade, considero a tortura um processo inumano e bem pouco útil" (MONTAIGNE. Michel Eyquem de. **Ensaios**. Tradução: Sergio Milliet, 2. ed. Brasília: UnB; Hucitec, 1987, v. II, p. 123-124).

tensão de originalidade, com relação à qual D'Alembert escreveu-lhe certa vez: "Um homem como você não precisa de um mestre, muito menos de um mestre como eu. O senhor é como o Titus Curtius de Tácito, "ex se natus" [do latim: nascido de si mesmo], e seus descendentes não têm nenhum avô. Um pai como o senhor é suficiente para eles".

Sem dúvida, a honra de ter sido o primeiro país a deixar de lado o uso da tortura pertence à Inglaterra, bem como a honra de ter sido o primeiro, nos tempos modernos, a abolir a pena capital, exceto por ofensas políticas, pertence à Rússia. O exemplo prático dado por nossas leis provavelmente contribuiu mais para a abolição geral desse nefasto costume do que qualquer tratado escrito sobre o assunto teria feito sozinho. Juristas ingleses e estrangeiros há muito tempo gostam de homenagear a *Common Law*[48] por seu não reconhecimento da tortura. Muito embora a tortura fosse contrária à *Common Law* e mesmo à Magna Carta[49], não era contrária à prerrogativa e, até a *Commonwealth*[50] era usada normalmente

---

48 Diferente do *Civil Law* (modelo jurídico em que a justiça é feita com a aplicação da interpretação da lei escrita em códigos), o sistema do *Common Law* é originário do Direito medieval da Inglaterra (Direito consuetudinário – proveniente dos costumes, sem passar pelo processo legislativo que cria a legislação escrita em códigos) cujas decisões são baseadas na jurisprudência, isto é, nas decisões anteriores em casos semelhantes (precedentes), em vez de no ordenamento jurídico elaborado pelos legisladores e codificado. No caso de não haver um precedente, os juízes são investidos de autoridade para criar o direito, estabelecendo um novo precedente. "O *common law* pode ser entendido como o Direito de característica anglo-saxã, cuja origem se deu na Inglaterra durante a Idade Média, no século XII. Por não ter uma estrutura jurídica similar, foi determinado um "direito comum". O objetivo era estabelecer um padrão de relacionamento entre o Estado, representado pelo monarca, e os proprietários de terra. A principal característica do *common law* é não ser codificado (não existe código civil ou código penal, como no Brasil). Assim, a sua aplicação é mais objetiva e as regras vão se desenvolvendo conforme avançam as complexas relações na sociedade. Por esses motivos há um forte protagonismo na figura dos juízes" (PANTOJA, Othon. O que é o *common law*, as diferenças e semelhanças com o *civil law*. **Aurum**, 2 jun. 2023. Disponível em: https://www.aurum.com.br/blog/common-law/. Acesso em: 5 jun. 2023).
49 "A Magna Carta é o documento assinado, em 1215, por João Sem Terra, sob pressão dos barões. É considerada a base das liberdades inglesas" (CARDOSO, Antonio Manoel Bandeira. A Magana Carta – conceituação e antecedentes. **Revista de Informação Legislativa**, Brasília, ano 23, n. 91, p. 135, jul./set., 1986).
50 Originalmente criada como Comunidade Britânica de Nações, atualmente é denominada Comunidade das Nações, uma organização intergovernamental composta de 56 países-membros.

em todas as acusações graves, a mero critério do monarca e do Conselho Privado. Portanto, Beccaria apontou a Inglaterra como um país que não usava a tortura com mais justiça do que Hugo Grócio[51], que, quando o banco da tortura[52] ainda estava em uso entre nós, citou a Inglaterra como prova de que as pessoas poderiam viver sem tortura com segurança.

É interessante traçar alguns dos resultados práticos que se seguiram ao tratado de Beccaria durante os trinta anos em que ele viveu após sua publicação, ou seja, de 1764 a 1794.

O país em que foi feita a primeira tentativa de aplicar seus princípios à prática foi a Rússia, onde Catarina II estava ansiosa para estabelecer um código penal uniforme, com base nas ideias liberais da época, que eram mais favoráveis em São Petersburgo do que em Paris. Com esse objetivo, em 1767, ela convocou a Moscou, de todas as províncias da Rússia, os 652 deputados que formaram o maior agrupamento da história daquele país semelhante a um Parlamento russo. Nas instruções que foram lidas para essa assembleia, como base para a proposta de codificação das leis, os princípios propostos foram expressos não apenas no espírito, mas, muitas vezes, nas próprias palavras do autor de "Dos delitos e das penas", conforme os exemplos dispostos a seguir:

> As leis devem ser consideradas apenas como um meio de conduzir a humanidade à maior felicidade.
>
> É incomparavelmente melhor prevenir crimes do que os punir.
>
> O objetivo da punição não é atormentar seres sensíveis.
>
> Toda punição é injusta e desnecessária para a manutenção da segurança pública.

---

51 Hugo Grócio (1583-1645) foi um filósofo e jurista dos Países Baixos, considerado o fundador, junto de Francisco de Vitória (1483-1546) e Alberico Gentili (1652-1608), do Direito internacional, baseando-se no Direito natural – a ideia universal de justiça expressada no conjunto de normas incorporado ao ser humano, por exemplo, o direito à vida.

52 O banco da tortura era um instrumento usado para conseguir a confissão do acusado, que era amarrado em uma mesa de madeira pelos seus tornozelos e pulsos. Os cilindros nos topos da tábua eram rodados puxando o corpo em direções opostas, ocasionando graves lesões nas rótulas e ossos.

Nos métodos de julgamento, o uso da tortura é contrário à razão sadia. A humanidade clama contra essa prática e insiste em sua abolição.

O julgamento não deve ser nada além do texto exato da lei, e a função do juiz é apenas declarar se a ação é contrária ou compatível com ela.

No estado normal da sociedade, a morte de um cidadão não é útil nem necessária.

O texto a seguir é especialmente de Beccaria:

Se você quiser evitar crimes, faça que as leis favoreçam menos as diferentes ordens de cidadãos do que cada cidadão em particular. Que os homens temam as leis e nada além das leis. Para evitar crimes, providencie para que a razão e o conhecimento sejam cada vez mais difundidos. Para concluir: o método mais seguro, porém mais difícil, de tornar os homens melhores é aperfeiçoar a educação.

Embora essas instruções não tivessem se tornado leis, mas sim sugestões de leis, é óbvio o efeito que tiveram quando publicadas e difundidas em toda a Rússia. O fato de terem sido traduzidas para o latim, alemão, francês e italiano prova o interesse que essa primeira tentativa de aplicar as máximas da filosofia ao governo prático despertou na Europa.

Na França, o livro de Beccaria tornou-se amplamente popular, e muitos escritores ajudaram a propagar suas ideias, como Servan, Brissot, Lacretelle e Pastoret. Lacretelle[53] atribuiu todo o impulso da reforma do Direito Penal a Beccaria, ao mesmo tempo que lamentou que Montesquieu não tenha dito o suficiente para atrair a atenção geral para o assunto. Diz-se que seu livro mudou tanto o espírito dos antigos tri-

---

53 Pierre-Louis de Lacretelle (1751-1824) foi advogado em Paris. Em 1784, dividiu um prêmio por um ensaio premiado com Maximilien Robespierre, no qual "defendia que a vergonha do castigo desonroso não devia ser estendida aos membros da família" (HUNT, Lynn. **A invenção dos direitos humanos**: uma história. Tradução: Rosaura Eichenberg. São Paulo: Companhia das Letras, 2009). Durante a Revolução Francesa, foi eleito deputado suplente na Assembleia Constituinte e, posteriormente, deputado na Assembleia Legislativa.

bunais criminais franceses que, dez anos antes da Revolução, eles não tinham nenhuma semelhança com o que eram antes. Todos os magistrados mais jovens proferiam seus julgamentos mais de acordo com os princípios de Beccaria do que com o texto da lei. O resultado da agitação apareceu nas Ordens Reais de 1780 e 1788, direcionadas à diminuição da tortura, as únicas reformas que precederam a Revolução. Diz-se que a última vez que alguém foi torturado na França foi no ano de 1788, o último ano do Antigo Regime. Logo no início da Revolução, mais de cem delitos diferentes deixaram de ser punidos com a pena de morte.

A adoção mais bem-sucedida dos princípios de punição de Beccaria ocorreu na Toscana, sob o comando do grão-duque Leopoldo. Quando ele subiu ao trono ducal, os toscanos eram o povo mais abandonado de toda a Itália. Os roubos e assassinatos não eram menos frequentes por causa de todas as condenações à forca e a rodas, bem como às torturas que eram empregadas para reprimi-los. Mas Leopoldo, em 1786, resolveu testar o plano de Beccaria e, para isso, publicou um código que proporcionava punições aos crimes, abolia a mutilação e a tortura, reduzia o número de atos de traição, diminuía os confiscos, destruía o direito de asilo e, acima de tudo, abolia a pena capital até para o assassinato. O resultado foi, diz um contemporâneo, que a Toscana, de terra dos maiores crimes e vilanias, tornou-se "o Estado mais bem ordenado da Europa". Durante vinte anos, apenas cinco assassinatos foram cometidos na Toscana, ao passo que em Roma, onde a morte continuava a ser infligida com grande pompa, até sessenta foram cometidos no espaço de três meses[54].

---

54 Esse fato se baseia na autoridade de um cavalheiro de Pisa, que o contou ao Dr. Rush, o chamado "Esculápio americano", que escreveu contra a pena capital no final do século passado. "Esculápio é a derivação em latim do nome do deus grego Asclépio. Filho do deus Apolo com a mortal Corônis. A lenda conta que ele foi criado pelo Centauro Quíron, que o educou na arte das ervas medicinais e das cirurgias. Se tornou, portanto, o deus mais apropriado no panteão para os doentes e desesperados" (ESCULÁPIO, o deus da Medicina. **Centro Cultural do Ministério da Saúde**, 12 go. 22020. Disponível em: http://www.ccms.saude.gov.br/noticias/esculapio-o-deus-da-medicina. Acesso em: 5 jun. 2023).

CRIMES E PUNIÇÕES

A tortura foi definitiva e totalmente abolida em Portugal em 1776, na Suécia em 1786[55], e na Áustria em 1789. Nesse último país, na verdade, ela havia sido abolida por Maria Teresa dezesseis anos antes em suas províncias alemãs e polonesas; e o Código Penal de José II, publicado em 1785, foi um tributo adicional à causa da reforma. Ordens secretas foram dadas aos tribunais para que substituíssem o enforcamento por outras punições, mas de modo que o público em geral não soubesse da mudança. Havia a maior ansiedade para que não se pensasse que essa mudança era por deferência a Beccaria ou à sua escola. "Na abolição da pena capital", disse Kaunitz[56], "Sua Majestade não leva em conta os princípios dos filósofos modernos, que, ao demonstrarem horror ao derramamento de sangue, afirmam que a justiça primitiva não tem o direito de tirar de um indivíduo a vida que só a natureza pode lhe dar. Nosso soberano apenas consultou a própria convicção de que a punição que ele deseja substituir a pena capital é mais provável de ser sentida por causa de sua duração e, portanto, mais adequada para inspirar terror nos malfeitores".

Não foi apenas na Europa que a influência de Beccaria prevaleceu dessa forma. Assim que as colônias americanas se livraram de sua ligação com a Inglaterra, começaram a reformar suas leis penais. Quando a Revolução começou, havia na Pensilvânia cerca de vinte crimes puníveis com a morte e, dezoito anos após seu término, o Código Penal foi completamente transformado, sendo decretado, em 1794, que nenhum crime deveria mais ser punido com a pena capital, exceto o assassinato em primeiro grau. É verdade que isso foi apenas um retorno aos princípios adotados por Penn[57] no assentamento da colônia, mas o Código Penal

---

55 Para Gustavus III, no entanto, ela havia sido descontinuada muito antes, pois Beccaria fala dela como inexistente quando escreveu.
56 Wenzel Anton von Kaunitz (1711-1794) foi chanceler do Estado austríaco durante as décadas agitadas da Guerra dos Sete Anos (1756 a 1763) até o início das guerras de coalizão contra a França Revolucionária (1792). Kaunitz foi responsável pela política externa da monarquia dos Habsburgos e atuou como principal conselheiro em assuntos externos da imperatriz Maria Teresa e de seus sucessores (WENZEL ANTON VON KAUNITZ. **Encyclopaedia Britannica**. Disponível em: https://www.britannica.com/biography/Wenzel-Anton-von-Kaunitz. Acesso em: 5 jun. 2023).
57 "Em 1681, William Penn [1644-1718], inglês fundador da colônia britânica da Pensilvânia e líder de um grupo Quaker, iniciou uma reforma no sistema de penas daquela colônia, restringindo a aplicação da pena de morte e substituindo as penas

de Penn foi anulado pela rainha Ana, e o governo inglês insistiu em uma adesão estrita à Carta de Carlos II[58], que determinava a manutenção do Estatuto e da Lei Comum da Inglaterra. Quando, portanto, a nova Constituição foi formada, em 1776, os argumentos de Beccaria deram nova vida às memórias de Penn.

Assim, antes de sua morte, Beccaria viu a tortura ser quase totalmente abolida na Europa, e uma tendência geral se espalhando para seguir o espírito das mudanças que ele defendia em outros detalhes do Direito Penal. Provavelmente, nenhum outro teórico viveu para testemunhar uma adoção tão completa de seus princípios na prática, ou uma transformação tão completa do sistema que ele atacou. É possível que ele tenha apenas dado corpo e voz a ideias de mudança já amplamente prevalecentes em sua época, mas o mérito de um indivíduo a ninguém pertence senão a ele mesmo, uma vez que Beccaria transformou a instabilidade da opinião pública em uma força ativa e sólida e que deu expressão distinta aos anseios vagamente sentidos por uma multidão.

Mas se o interesse do capítulo de Beccaria sobre a tortura é agora meramente histórico, um interesse real ainda está ligado à sua defesa da abolição total da pena capital, sendo essa a causa com a qual seu nome é mais geralmente associado e pela qual é provável que seja lembrado por mais tempo. Escritores anteriores, como Montaigne, caso tenham depreciado o excesso ou a severidade da pena de morte, nunca pensaram em pedir que ela fosse totalmente abolida.

Há uma aparente discrepância no fato de Beccaria primeiro condenar a morte como uma punição muito severa e, depois, recomendar a servidão vitalícia como uma punição com maior poder de dissuasão. Contudo, Beccaria afirmou que a maior certeza da segunda punição mais do que compensava a maior severidade da outra. Com relação ao poder relativo das duas punições, ele provavelmente varia entre indivíduos

---

corporais e as mutilações por penas privativas de liberdade e de trabalhos forçados. A reforma visava adequar as leis penais aos princípios humanitários e pacifistas dos quakers, que repudiavam todo ato de violência" (GUZMÁN, Luis Garrido. **Compendio de ciencia penitenciaria**. Valencia: Universidad de Valencia, 1976, p. 81).
58   Carlos II (1630-1685) foi o rei da Inglaterra, Escócia e Irlanda de 1660 até sua morte.

diferentes, alguns homens têm mais medo de uma e outros da outra. A teoria popular certamente vai longe demais quando supõe que todos os homens têm mais medo da forca do que de qualquer outra coisa. Quando George III[59] concedeu perdão às condenadas de Newgate com a condição de que fossem transportadas para Nova Gales do Sul. Embora dezessete delas tenham aceitado a oferta, havia ainda seis que preferiam a morte a uma remoção de seu país natal. Howard[60] também afirmou que, na Dinamarca, a punição em casos de infanticídio, a saber, prisão perpétua, com trabalho e chicotadas anuais no local do crime, era "mais temida do que a morte", que foi substituída como punição.

No entanto, é provável que a frequência de qualquer crime tenha pouca ou nenhuma relação com a punição imposta a ele. Todo criminoso começa uma nova carreira em que pensa menos na natureza de sua punição do que em suas chances de escapar dela. Nem a tradição nem o exemplo contam muito para ele no balanço das chances a seu favor. A lei nunca pode ser tão certa em sua execução quanto é incerta em sua aplicação, e são os exemplos de impunidade, e não de punição, aos quais os homens recorrem quando violam a lei. Assim, quer a punição por assassinato seja uma morte excruciante, como na Roma antiga, quer seja uma mera multa, como na Inglaterra antiga, os motivos para a fuga são sempre os mesmos, os meios para realizá-la são sempre os mesmos, e a crença em seu poder para realizá-la é correspondentemente poderosa em todo criminoso culpado de homicídio.

Mesmo se assumirmos que a morte é absolutamente a pena mais severa concebida pela lei e que, como punição por assassinato, ela não é muito severa, permanece certo que, relativamente às circunstâncias de

---

59 Jorge III (1738-1820) foi o rei da Grã-Bretanha e da Irlanda de 25 de outubro de 1760 até a união dos dois países em 1º de janeiro de 1801, tornando-se o primeiro rei do Reino Unido da Grã-Bretanha e Irlanda até sua morte.
60 John Howard (1726-1790) foi um filantropo e um dos primeiros reformadores das prisões inglesas. Howard foi o primeiro civil a ser homenageado com uma estátua na Catedral de São Paulo, em Londres. Ele inspirou uma corrente preocupada em construir estabelecimentos prisionais apropriados para o cumprimento da pena privativa de liberdade, bem como influenciou a humanização e a racionalização das penas (BITENCOURT, Cezar Roberto. **Tratado de direito penal**. 10. ed. São Paulo: Saraiva, 2006. v. 1, p. 43).

um julgamento por assassinato, à relutância dos juízes ou jurados em proferir uma sentença irrecuperável, ao seu medo de erro, à sua consideração consciente pela vida humana, ela é realmente um perigo muito menos terrível para um malfeitor enfrentar do que uma pena que justificaria menos esperanças de impunidade.

Esses escrúpulos em condenar também não são irracionais se considerarmos o número de pessoas que, com base em evidências aparentemente conclusivas, foram falsa e irrevogavelmente condenadas à morte. Os espectadores que assistiram à peça "O Correio de Lyon"[61] se lembrarão de como Lesurques, o cavaleiro parisiense, escapou por pouco da punição pela culpa de Dubosc, o ladrão e assassino. Mas a moral da história se perdeu na peça, pois Lesurques foi realmente executado pelo crime de Dubosc por causa da semelhança que tinha com ele, que só recebeu a devida recompensa por seus crimes depois que o indivíduo inocente morreu como um assassino comum no cadafalso. Há também casos em que, como no famoso caso de Calas,[62] alguém cometeu suicídio, mas ou-

---

61   *The Lyons Mail* (*O Correio de Lyon*) é um drama de 1877 de Charles Reade, baseado em sua peça *The Courier of Lyons* (1854). A nova versão foi escrita para Henry Irving para ser apresentada no Lyceum Theatre. A peça de Reade foi baseada no caso do Correio de Lyon, de 1796, na França revolucionária. Sua estreia ocorreu em 26 de junho de 1854, com a presença da rainha Vitória e do príncipe Albert (HAMMET, Michael. **Plays by Charles Reade**. Cambridge: Cambridge University Press, 1986, p. 9). "Em 8 de Floréal do Ano Revolucionário IV (27 de abril de 1796), cinco cavaleiros atacaram o ônibus postal Paris-Lyon perto de Vert-Saint-Denis e roubaram 80 mil libras em moedas e 7 milhões de libras em *assignats* [título emitido pelo Tesouro da França, em 1789, uma moeda durante a Revolução Francesa] destinados aos exércitos da Itália. Os dois carteiros foram assassinados. Foi realizada uma investigação e seis suspeitos foram presos, incluindo um certo Sr. Lesurques, cuja responsabilidade nesse caso não pôde ser totalmente confirmada. Embora tenha sido inocentado por um dos outros réus, Hugues Nicolas Joseph Lesurques (1763-1796) foi condenado à morte junto aos outros réus, proclamando sua inocência até o fim em frente ao pelotão de fuzilamento, execução em 1801, que convenceu a opinião pública de que houve um erro judicial. Em dezembro de 1868, o caso do *Lyons Mail* levou à criação de um decreto sobre o benefício da dúvida e a reabilitação de condenados que foram finalmente considerados inocentes após a morte" (1796: o caso do correio de Lyon. **Archives départementales**. Disponível em: https://archives.seine-et-marne.fr/fr/1796-laffaire-du-courrier-de-lyon. Acesso em: 6 jun. 2023).
62   Voltaire (1694-1778), um dos principais filósofos do Iluminismo francês, denunciou o caso de Jean Calas, vítima da intolerância religiosa, em um episódio de injustiça que destruiu uma das poucas famílias protestantes da cidade de Toulouse, na França, o qual marcou a sociedade francesa nas últimas décadas do século XVIII, quando o filho que havia se convertido ao catolicismo, Marc-Antoine, apareceu

tra pessoa foi executada como o assassino. O fato de os mortos não contarem histórias é tão verdadeiro para homens enforcados quanto para homens assassinados, e a inocência de uma pessoa executada pode ser provada muito tempo depois ou sequer ser comprovada.

Onde não há pena de morte, como em Michigan (EUA), a inocência de um ser humano pode ser descoberta posteriormente à condenação, e a justiça pode ser feita a ele pelo erro da lei. Um caso como esse aconteceu há pouco tempo em Michigan, onde a inocência de um prisioneiro foi claramente provada após dez anos de prisão. Onde existe a pena capital, não há essa esperança, tampouco há qualquer remédio se, como no caso de Lewis, que foi enforcado em 1831, outro indivíduo, trinta e três anos depois, confessar ter sido o assassino. É impossível excluir todas as chances de tais erros de justiça. Um exemplo disso é a história do organista da igreja perto de Kieff, que assassinou um fazendeiro com uma pistola que roubou de um padre. Após o crime, ele colocou a pistola na sacristia e, depois de impedir que o padre apresentasse provas contra ele por meio do ato de confissão, denunciou o padre como o culpado. O padre, apesar de seus protestos de inocência, foi condenado a trabalhos forçados por toda a vida. Porém, vinte anos depois, quando finalmente o organista confessou sua culpa em seu leito de morte, a libertação do padre foi solicitada. Infelizmente, descobriu-se que o padre havia morrido apenas alguns meses antes.

O escrúpulo em formar convicção para condenar diminui a certeza da punição e, portanto, aumenta as esperanças de impunidade. Isso é ilustrado pelo caso de dois irmãos estadunidenses que, desejosos de co-

---

com morto com marcas de corda no pescoço, sem qualquer sinal de violência. Esse julgamento deu origem ao seu livro "Tratado sobre a tolerância" (1763), reivindicando que a Justiça não seja muda, como deve ser cega, mas sim que julgue e condene com seriedade e imparcialidade, ao afirmar que "algum fanático da população gritou que Jean Calas havia enforcado o próprio filho Marc-Antoine. Esse grito, repetido, logo tornou-se unânime; outros acrescentaram que o morto pretendia fazer abjuração no dia seguinte; que sua família e o jovem Lavaisse o haviam estrangulado por ódio contra a religião católica. Um momento depois, ninguém duvidava mais; toda a cidade foi persuadida de que é um imperativo religioso entre os protestantes que um pai e uma mãe devem assassinar seu filho tão logo ele queira converter-se" (VOLTAIRE. **Tratado sobre a tolerância**: a propósito da morte de Jean Calas. Tradução: Paulo Neves. São Paulo: Martins Fontes, 2000, p. 6).

meter um assassinato, esperaram até que sua vítima tivesse deixado seu estado em que a pena capital havia sido abolida, e se mudado para outro estado que ainda a mantinha, antes de se aventurarem a executar sua intenção criminosa. O fato de que tanta relutância em ter convicção de condenar um acusado é frequentemente muito prejudicial ao público é comprovado pelo caso de uma mulher em Chelmsford – cidade no condado de Essex, na Inglaterra – que, apesar de fortes evidências, foi absolvida de uma acusação de envenenamento. Ressalte-se que, antes de sua culpa ser finalmente comprovada, ela viveu para envenenar várias outras pessoas que poderiam ter escapado das mãos dessa assassina serial.

Considerações como essas talvez levem, algum dia, à abolição da pena capital. O teste final de toda punição é sua eficiência, não sua humanidade. Muitas vezes, há mais desumanidade em uma longa sentença de servidão penal do que em uma sentença capital, pois a maioria dos assassinos merece tão pouca misericórdia quanto recebe. Os muitos delitos que deixaram de ser capitais na legislação inglesa foram causados menos por um senso de desumanidade da punição em relação ao crime do que pela experiência de que tal punição levava a uma impunidade quase total. Os banqueiros, por exemplo, que solicitaram ao Parlamento a abolição da pena capital para a falsificação, fizeram isso porque, como disseram, descobriram por experiência própria que a imposição da morte, ou a possibilidade de sua imposição, impedia a acusação, a condenação e a punição do criminoso. Portanto, eles imploraram por "aquela proteção para sua propriedade que derivaria de uma lei mais branda".

Pela mesma razão, é de pouca valia questionar, como faz Beccaria, o direito da sociedade de infligir a morte como punição. Pode haver uma distinção entre o direito da sociedade e seu poder, mas é uma distinção de pouco conforto para o indivíduo que incorre em seu ressentimento. Uma pessoa em uma masmorra se diverte melhor com aranhas e teias de aranha do que com reflexões sobre a intervenção da lei em sua liberdade ou com teorias sobre os direitos do governo. Sempre que a sociedade deixou de exercer qualquer um de seus poderes contra indivíduos não foi por causa da aceitação de qualquer nova doutrina sobre seus direitos, mas sim por causa de visões mais esclarecidas sobre seus reais interesses e uma aversão cultivada à crueldade e à opressão.

Quando Beccaria escreveu contra a pena capital, um grande argumento contra sua abolição era sua universalidade prática. Ela havia sido abolida no antigo Egito pelo rei Sabaco, no melhor período das Repúblicas Romanas pela Lei Porcia[63], e na época do Império Romano por João II Comneno[64]. Mas esses casos eram muito distantes dos tempos modernos para dar muito peso ao argumento geral. Naquela época, somente a Rússia, entre todos os países do, desde a ascensão da imperatriz Elizabeth, havia dado um exemplo prático do fato de que a segurança geral da vida não é diminuída pela retirada da proteção da pena capital. Mas, desde aquela época, essa verdade tem se tornado cada vez menos uma teoria ou especulação, e agora se apoia na experiência positiva de uma parte considerável do mundo. Na Toscana, Holanda, Portugal, Rússia, Romênia, Saxônia, Prússia, Bélgica e em dez estados dos Estados Unidos da América, a pena de morte foi abolida ou descontinuada, podendo-se pensar que o povo desses países é tão indiferente à segurança de suas vidas a ponto de se contentar com uma proteção legal menos eficiente do que a garantida em países onde a proteção é a morte?

Os oponentes da pena capital podem, portanto, usar como argumento a seu favor o fato de que muitas partes do mundo consideraram que não é incompatível com a segurança geral da vida eliminar a pena de morte de sua lista de agentes de dissuasão. É melhor confiar em um fato tão claro do que em estatísticas que, como facas de dois gumes, muitas vezes cortam para os dois lados. A frequência de execuções em um país e sua total ausência em outro podem coexistir com grande igualdade numérica nos casos de assassinatos cometidos em cada um deles. É sempre

---

63 Lei que impedia que cidadãos romanos fossem submetidos a formas de punição degradantes ou vergonhosas, como a flagelação ou a crucificação. Considerando-se que ser cidadão romano proporcionava muitos privilégios e garantias, a Lei Pórcia impedia que os cidadãos romanos fossem açoitados. Para determinadas ofensas que incorriam na pena capital, os cidadãos podiam requerer ser enviados a Roma para serem julgados perante o próprio imperador.
64 João Comneno Ducas (1087-1143), conhecido como João II Comneno, foi um imperador bizantino. Durante seu governo, que durou por vinte e cinco anos, a pena de morte foi abolida no Império Romano (1118-1143 d.C).

melhor, portanto, procurar outra causa para um determinado número de assassinatos que não seja o tipo de punição direcionada à sua repressão. Eles podem depender de milhares de outras coisas, que são difíceis de verificar ou eliminar. Assim, tanto na Baviera, onde a pena capital foi mantida, quanto na Suíça, onde ela foi abolida, em 1874, os assassinatos aumentaram muito nos últimos anos, e esse fato foi, com grande probabilidade, atribuído à influência de maus hábitos contraídos durante a guerra franco-alemã.

Sendo a pena capital menos generalizada no mundo agora do que a tortura era quando Beccaria escreveu, parece ser uma inferência lógica justa que ela já esteja muito avançada em direção ao seu total desaparecimento. Pois o mesmo argumento que Voltaire aplicou no caso da tortura não pode deixar de ser aplicado, mais cedo ou mais tarde, à pena capital. "Se", diz esse filósofo, "houvesse apenas uma nação no mundo que tivesse abolido o uso da tortura; e se nessa nação os crimes não fossem mais frequentes do que em outras, [...] seu exemplo seria certamente suficiente para o resto do mundo. Somente a Inglaterra poderia instruir todas as outras nações nesse aspecto; mas a Inglaterra não é a única nação. A tortura foi abolida em outros países, e com sucesso; a questão, portanto, está decidida". Se, nesse argumento, lermos pena capital em vez de tortura, assassinatos em vez de crimes e Portugal em vez de Inglaterra, apreciaremos melhor o que é, afinal, o argumento mais forte contra a pena capital, ou seja, que ela se mostrou desnecessária para seu objetivo declarado em tantos países que poderia ser abolida com segurança em todos.

CAPÍTULO III
A INFLUÊNCIA DE BECCARIA NA INGLATERRA

Qualquer melhoria que nossas leis penais tenham sofrido nos últimos cem anos ocorreu principalmente em razão da obra de Beccaria, embora tenha sido em uma medida nem sempre reconhecida. Diz-se que o conde Mansfield[65] nunca mencionou seu nome sem um sinal de respeito. Um dos parlamentares que atuou na reforma da legislação penal da Inglaterra, Romilly, referiu-se a Beccaria no primeiro discurso que fez na Câmara dos Comuns sobre o tema da reforma da lei. E não há nenhum escritor inglês daquela época que, ao tratar do Direito Penal, não se refira a Beccaria.

Até mesmo a ideia de utilidade pública como teste final e padrão de moralidade é derivada de Beccaria, e a famosa expressão "a maior felicidade do maior número" aparece em letras maiúsculas na primeira página de "Dos delitos e das penas". Priestley[66] foi o primeiro, diz ele, "a menos que tenha sido Beccaria, que ensinou meus lábios a pronunciar esta verdade sagrada: que a maior felicidade do maior número é o fundamento da moral e da felicidade". E com relação à sua ideia do valor mensurável de diferentes dores e prazeres, ele diz: "Foi do pequeno tratado de Beccaria sobre crimes e punições que tirei, como bem me lembro, a primeira dica desse princípio, pelo qual a precisão, a clareza e a incontestabilidade dos cálculos matemáticos foram introduzidas pela primeira vez no campo da moral".

A filosofia e a legislação inglesas, portanto, precisam assegurar que o tratado de Beccaria nunca seja esquecido entre nós. Como ele se refere

---

65 William Murray (1705-1793), o primeiro conde de Mansfield, foi um advogado, político e juiz britânico conhecido por ter atuado na reforma da lei inglesa.
66 Joseph Priestley (1733-1804) foi um teólogo que, além de ter produzido obras acerca da eletricidade, da óptica e outros assuntos, em seus cerca de 150 livros abordou temas filosóficos sobre os problemas de livre-arbítrio, determinismo e materialismo. Ele apoiou os chamados reformadores, que pretendiam que os efeitos da Revolução Francesa se espalhassem por toda a Grã-Bretanha.

à lei como o "Novum Organum⁶⁷" de Bacon à Ciência, ou "Princípios de Filosofia" (1677), de René Descartes, representando um retorno aos primeiros princípios e a rejeição do mero precedente na questão das leis penais, ele nunca deixará de satisfazer aqueles que, com pouca admiração pela legislação no concreto, ainda podem encontrar prazer em estudá-la no abstrato. A maioria dos homens se voltará prontamente de um sistema construído, como o nosso, com distinções ininteligíveis e baseado na autoridade e não na experiência, para um sistema em que não existam distinções, exceto aquelas derivadas da natureza das coisas e baseadas nas diferenças reais que distinguem as ações morais da humanidade.

O primeiro vestígio da influência de Beccaria na Inglaterra apareceu na primeira edição dos *Comentários*, de Blackstone, dos quais o livro "Comentários sobre as leis da Inglaterra"⁶⁸ foi publicado no ano seguinte ao aparecimento do tratado italiano. O fato de Blackstone estar bem familiarizado com o tratado é comprovado por sua frequente referência a ele ao tratar de crimes. Com base em Beccaria, ele argumenta que a certeza das punições é mais eficaz do que sua severidade, e considera absurdo aplicar a mesma punição a crimes de diferentes malignidades. Blackstone também foi o primeiro advogado profissional a encontrar falhas na frequência da pena capital na Inglaterra e a apontar como "uma verdade melancólica" a presença de 160 ações no livro de estatutos que eram crimes sem o benefício do clero.

Mas havia uma grande falácia, que permeava todo o Direito Penal britânico, que Blackstone não detectou e não tocou. Era o fato de que a severidade da punição deveria ser aumentada em proporção ao aumento da tentação e que a medida da culpa de um crime estava na facilidade que ele poderia ser cometido. "Entre os crimes de igual malignidade", diz

---

67 Livro de cunho científico e filosófico publicada em 1620, pelo político, filósofo empirista, cientista e ensaísta inglês Francis Bacon (1561-1626), dois anos após tornar-se o barão de Verulam e dois anos antes de publicar a *História natural*.
68 *Commentaries on the Laws of England* é um influente tratado do século XVIII sobre a lei comum da Inglaterra, escrito por Sir William Blackstone, publicado originalmente pela Clarendon Press, em Oxford, entre 1765 e 1769. A obra é dividida em quatro volumes, sobre os direitos das pessoas, os direitos das coisas, infrações privadas e infrações públicas.

Blackstone, "estão aqueles [que merecem maior punição por serem mais prejudiciais] que um indivíduo tem as oportunidades mais frequentes e fáceis de cometer, os quais não podem ser tão facilmente evitados quanto outros, e que, portanto, o infrator tem o maior incentivo para cometer". E, com base nesse princípio, ele considera razoável que, embora o roubo de um lenço de bolso deva ser um crime capital, o roubo de uma carga de feno deva envolver apenas transporte.

Não havia uma anomalia em nossa antiga prática criminal que não se baseasse nessa teoria – uma teoria que tinha, de fato, seu precedente na antiga lei hebraica que punia mais severamente o roubo de um campo do que o roubo de uma casa; e o primeiro escritor que protestou contra isso foi Eden[69], posteriormente denominado barão de Auckland, que em 1771 publicou seu "Princípios da Lei Penal", um dos melhores livros já escritos sobre o assunto. A influência de Beccaria é evidente na obra de Eden, não apenas por sua referência direta a ele, mas por seu espírito de oposição declarada à prática real da lei. Dois exemplos de sua tendência serão suficientes. A prisão, "infligida pela lei como punição, não está de acordo com os princípios de uma legislação sábia. Ela transforma indivíduos úteis em fardos para a comunidade e sempre tem um efeito ruim sobre sua moral, tampouco pode transmitir o benefício do exemplo, sendo, em sua natureza, isolada dos olhos do povo". Ademais, "tudo o que excede a morte simples é mera crueldade. Cada passo além é um traço da antiga barbárie, tendendo apenas a distrair a atenção dos espectadores e a diminuir a solenidade do exemplo. Não existe justiça vingativa; a ideia é chocante".

Os homens de letras, em geral, não falavam com essa ousadia, mas, em oposição consciente ao sentimento profissional e popular, expressavam suas dúvidas com uma hesitação que era quase apologética. Assim, por exemplo, Goldsmith[70] não podia "evitar até questionar a

---

69 William Eden (1745-1814), o primeiro barão de Auckland, foi um diplomata e político britânico que atuou na Câmara dos Comuns de 1774 a 1793.
70 Oliver Goldsmith (1730-1774) foi um ensaísta, poeta, romancista, dramaturgo e excêntrico anglo-irlandês, que ficou famoso por suas obras, entre elas o romance "O vigário de Wakefield" (1762). No final do século XVIII, a lei criminal da Inglaterra era bastante cruel e inconsistente em sua administração da pena capital para muitos crimes,

validade do direito que as combinações sociais assumiram de punir capitalmente ofensas de natureza leve". É estranho que na Inglaterra tal argumento tenha parecido uma novidade ousada, algo a ser dito de forma hesitante e reservada!

Lord Kames[71] atacou o Direito Penal inglês de uma forma ainda mais indireta, ao remontar historicamente a punição à vingança de indivíduos por seus danos privados e ao exaltar a excelência do Direito Penal dos antigos egípcios. Segundo esse autor, eles evitavam ao máximo as penas capitais, preferindo outras que igualmente impediam a reincidência de crimes. Tais punições atingiam seu objetivo "com menos dureza e severidade do que as encontradas nas leis de qualquer outra nação, antiga ou moderna".

Nada poderia ser mais interessante do que o relato de Lord Kames sobre o crescimento do Direito Penal, desde as rudes vinganças dos selvagens até as punições legais dos Estados civilizados. Contudo, provavelmente seu autor não pretendia produzir um tratado histórico, mas sim um ataque velado ao sistema penal de seu país. É, portanto, uma boa ilustração da timidez da escola teórica contra as forças avassaladoras da escola prática do Direito, que, é claro, incluía o grande corpo da profissão jurídica, tornando-se o primeiro sinal de uma tentativa de aplicar a

---

e por causa da pobreza, das condições sociais e da ineficiência da polícia, a prática de crimes passou a ser incrivelmente numerosa. A brutal lei inglesa, a política e a retidão do regramento jurídico da Inglaterra foram questionadas por Oliver Goldsmith pela boca do vigário de Wakefield: "Nem posso deixar de questionar a validade do direito que as combinações sociais assumiram de punir capitalmente ofensas de natureza leve. Em casos de assassinato, seu direito é óbvio, pois é dever de todos nós, com base na lei da autodefesa, eliminar o homem que demonstrou desrespeito pela vida de outro. Contra isso, a natureza se levanta em armas; mas não é assim contra aquele que rouba minha propriedade". O autor acrescenta mais tarde: "Quando, por meio de leis penais indiscriminadas, a nação vê a mesma punição aplicada a diferentes graus de culpa, as pessoas são levadas a perder todo o senso de distinção no crime, e essa distinção é o baluarte de toda moralidade" (PENA capital. **Encyclopaedia Britannica**, 11. ed. Nova York: Encyclopaedia Britannica Co., 1910, v.5, p. 280).
71 A obra "Tratados jurídicos históricos" é uma das primeiras contribuições ao projeto iluminista escocês de uma ciência histórica da sociedade, escrito por Henry Home, mais conhecido como Lord Kames (1696-1782), um influente juiz escocês que se tornou uma das principais figuras do Iluminismo na Escócia.

experiência de outros países e épocas para o aprimoramento da própria jurisprudência britânica.

Certamente deve moderar nossa reverência pela sabedoria ancestral encontrar até um homem como Fielding[72], o romancista, falando, em sua acusação ao grande júri de Middlesex, do pelourinho e da perda das orelhas de um indivíduo como uma punição "extremamente branda" para um caso ruim de difamação, ou declarando que nossas punições daquela época eram "as mais brandas e sem terror de qualquer outra no mundo conhecido". No entanto, Fielding reconheceu vários dos verdadeiros princípios da punição. Ele atribuiu o aumento do crime ao grande abuso de perdões, que, segundo ele, havia levado muito mais homens à forca do que os salvou dela. Ele também defendeu a diminuição do número de execuções, sua maior privacidade e solenidade, ao mesmo tempo que recomendou que fossem seguidas o mais próximo possível da condenação, de modo que a piedade pelo criminoso pudesse se perder em ódio por seu crime.

Mas o fato de que a humanidade da escola especulativa de Direito não deixou de influenciar a opinião pública, bem como, até certo ponto, de ser um reflexo dela, é comprovado por algumas tentativas abortadas do Parlamento de mitigar a severidade do Código Penal britânico na segunda metade do século passado. Em 1752, os Comuns concordaram em comutar a punição de crime em certos casos para trabalhos forçados nas docas, mas os Lordes recusaram seu consentimento, como desde aquela época, por mais de oitenta anos, continuaram a recusar regularmente qualquer mitigação das leis capazes de afetar o crime. Deve ser sempre lamentável que o papel da Câmara dos Lordes na questão da reforma da lei criminal tenha continuado, de 1752 a 1832, a ser o de uma oposição

---

[72] Henry Fielding (1707-1754) foi um romancista inglês conhecido criar o romance *Tom Jones*, um dos primeiros romances modernos, onde aparece, pela primeira vez, o narrador onisciente (CARPEAUX, Otto Maria. **História da literatura ocidental**. São Paulo: Leya, 2012, p. 320). A partir de 1740, iniciou sua carreira jurídica, primeiro como advogado do Estado e, mais tarde, como juiz de paz em Westminster e em Middlesex, o segundo menor dos 39 condados históricos da Inglaterra, atualmente parte da área metropolitana de Londres.

sistemática e obstinada à mudança, uma oposição que não tinha justificativa no nível geral de esclarecimento nacional.

A principal honra da primeira tentativa de reforma da lei pertence a Sir William Meredith, que, em 1770, solicitou um comitê de investigação sobre o estado das leis criminais. Esse comitê propôs, em seu relatório do ano seguinte, a revogação de algumas leis que tornavam certos delitos capitais e, dessa forma, a Câmara dos Comuns, em 1772, concordou que não deveria mais ser punível como alta traição atentar contra a vida de um conselheiro privado, que a deserção de oficiais ou soldados não deveria mais ser capital, tampouco a pertença a pessoas que se autodenominavam egípcios. Algumas outras propostas foram rejeitadas, como a revogação da dura lei de James I contra o infanticídio, mas a Câmara dos Lordes recusou seu consentimento até para as pequenas mudanças aprovadas pelos Comuns. Era uma inovação, diziam eles, e uma subversão da lei. Não foi considerada uma censura a Meredith, Burke e Fox o fato de terem deixado de usar sua força contra um conservadorismo como esse. Toda esperança de reforma estava fora de cogitação, e as mais terríveis atrocidades eram sofridas ou defendidas. Em 1777, uma garota de 14 anos estava em Newgate sob a sentença de ser queimada viva por falsificação de moeda, porque alguns farthings[73] caiados, que deveriam passar por sixpences[74], foram encontrados com ela, mas um adiamento só veio quando a carroça estava pronta para levá-la à fogueira. Somente em 1790 foi abolida a lei pela qual as mulheres eram passíveis de serem queimadas publicamente por alta ou pequena traição.

Mas qualquer tendência que pudesse estar surgindo na teoria ou na prática nessa época para atenuar a severidade das leis inglesas estava destinada a receber um golpe mortal com a publicação, em 1784 e 1785, respectivamente, de dois livros que merecem lembrança histórica. O pri-

---

73 O *farthing* britânico era uma denominação de moeda esterlina no valor de 1/960 de uma libra, 1/48 de um xelim ou 1/4 de um centavo, inicialmente cunhadas em cobre e, depois, em bronze, que substituíram os anteriores *farthings* ingleses.
74 A peça de seis pence britânica era uma denominação de cunhagem de libras esterlinas no valor de 1/40 de uma libra ou meio de um xelim. Foi cunhada pela primeira vez em 1551, durante o reinado de Eduardo VI, e circulou até 1980.

CRIMES E PUNIÇÕES

meiro foi "Thoughts on Executive Justice"[75] (Pensamentos sobre a Justiça Executiva – 1785), de Martin Madan, no qual o autor, adotando o princípio de Beccaria da certeza da punição como o melhor controle sobre o crime, defendeu a aplicação inflexível das leis em sua forma atual. "Era", diz Romilly, "uma censura forte e veemente aos juízes e ministros por seu modo de administrar a lei e pela frequência dos perdões que concediam. Ela foi muito lida e certamente foi seguida pelo sacrifício de muitas vidas".

No ano anterior à sua publicação, 51 malfeitores foram executados em Londres, no ano seguinte 97, e não muito tempo depois foi visto o raro espetáculo de quase 20 criminosos enforcados de uma só vez. Romilly ficou tão chocado com o que considerava a loucura e a desumanidade do livro de Madan que escreveu um pequeno texto de observações sobre ele, do qual enviou uma cópia a cada um dos juízes. Mas é característico do sentimento daquela época que apenas cem exemplares de seu tratado tenham sido vendidos. Entretanto, foi a partir dessa época que Romilly começou a fazer do Direito Penal seu estudo especial, de modo que, indiretamente, nosso país deve a Madan os esforços de Romilly.

O outro livro era de um homem que, acima de todos os outros, nossos antepassados gostavam de homenagear. Trata-se do arquidiácono Paley, que em 1785 publicou a "Filosofia moral e política", dedicando-a ao então bispo de Carlisle. Esse fato da dedicatória também não é irrelevante, pois o referido bispo era o pai do futuro presidente do Supremo Tribunal de Justiça Ellenborough, que desfruta da melancólica fama de ter sido o oponente inveterado e bem-sucedido de quase todos os movimentos feitos em sua época em favor da mitigação de nossas leis penais. O capítulo sobre crimes e punições de Paley e os discursos de Lord Ellenborough sobre o assunto na Câmara dos Lordes são, de fato, a mesma coisa, de modo que o capítulo de Paley é de distinta importância histórica, como a principal causa da obstrução da reforma e como a

---

75 Reflexões sobre a Justiça Executiva: com respeito às nossas leis criminais, particularmente sobre os circuitos dedicados aos juízes de primeira instância e recomendados para a leitura de todos os magistrados e de todas as pessoas que podem participar de júris da Coroa.

melhor expressão da filosofia de sua época. Se outros países adotaram os princípios de Beccaria mais rapidamente do que o nosso, foi simplesmente porque esses princípios não encontraram oponentes à altura do arquidiácono Paley e de seu aluno, Lord Ellenborough.

Paley, é claro, defendeu o que ele achava que estava estabelecido, uma vez que nem considerando o sistema que ele tinha que defender ele apresentou o caso sem engenhosidade. De fato, ele não tinha nada a acrescentar ao que Blackstone havia dito a respeito da punição, ou seja, que ela era infligida não em proporção à culpa real de um delito, mas sim em proporção à facilidade de sua prática e à dificuldade de sua detecção. Roubar em uma loja não era mais criminoso do que roubar em uma casa, mas, como era mais difícil de detectar, era punido com mais severidade. Ovelhas, cavalos e tecidos em campos de branqueamento estavam mais expostos a ladrões do que outros tipos de propriedade; portanto, seu furto exigia uma penalidade de dissuasão mais forte.

Havia apenas um delito que Paley considerava que a lei inglesa punia com demasiada severidade, que era o delito de roubo privado de uma pessoa. Em todos os outros casos, ele defendia a aplicação da pena capital. Ele acreditava que o mérito peculiar da lei inglesa era o fato de que ela jogava na rede todos os crimes que, sob qualquer circunstância possível, poderiam merecer a morte, ao mesmo tempo que selecionava apenas alguns casos em cada classe de crime para a punição real. Assim, embora poucos realmente sofressem a morte, o medo e o perigo dela pairavam sobre os crimes de muitos. A lei não era cruel, pois nunca foi planejada para ser executada indiscriminadamente, mas deixava uma grande margem para o exercício da misericórdia.

Paley concordava com Beccaria que a certeza da punição era mais importante do que sua severidade. Por essa razão, ele recomendou "imparcialidade absoluta na execução das leis", bem como culpou a "fraca timidez" dos júris, levando-os a serem excessivamente escrupulosos quanto à certeza de suas provas, e protestou contra a máxima de que era melhor que dez homens culpados escapassem do que um inocente morresse. Argumentava que um indivíduo que fosse condenado por uma sentença equivocada poderia ser considerado culpado por seu país, pois era vítima de um sistema de leis que mantinha a segurança da comunidade.

Esse foi o raciocínio que, por quase meio século, governou o curso da história inglesa e que, durante todo esse tempo, foi uma heresia contestar.

Paley acreditava que os espetáculos bárbaros eram justamente considerados uma falha em razão de tenderem a desmoralizar o sentimento público. "Mas", continuou ele, "se um modo de execução pudesse ser planejado para aumentar o horror da punição, sem ofender ou prejudicar a sensibilidade pública por meio de exibições cruéis ou indecorosas da morte, isso poderia acrescentar algo à eficácia do exemplo; e, ao ser reservada para alguns crimes atrozes, poderia também ampliar a escala de punição, um acréscimo que parece faltar, pois, da forma como a questão permanece atualmente, enforca-se um malfeitor por um simples roubo e não se pode fazer mais nada com o vilão que envenenou seu pai. Algo do tipo que estamos descrevendo foi a proposta, sugerida há pouco tempo, de lançar os assassinos em um covil de animais selvagens, onde eles pereceriam de uma maneira terrível para a imaginação, mas escondidos da vista". É interessante, depois disso, saber que Paley achava que a tortura havia sido devidamente excluída do "sistema brando e cauteloso de jurisprudência penal estabelecido neste país" e que (para fazer justiça a ele) ele recomendava que as pessoas privadas fossem delicadas ao processar, em consideração à dificuldade dos prisioneiros de obter um meio de vida honesto após sua libertação.

O livro de Howard[76] sobre os lazaretos da Europa[77] foi publicado quatro anos depois da obra de Paley. Embora não lidasse diretamente com

---

76 Em 1774, John Howard (1726-1790) persuadiu a Câmara dos Comuns a aprovar dois atos que estipulavam que as pessoas dispensadas deveriam ser libertadas em um tribunal aberto e que as taxas de dispensa deveriam ser abolidas e que os juízes deveriam ser obrigados a cuidar da saúde dos prisioneiros. Anos depois, no entanto, Howard reclamou que os atos não haviam sido "estritamente obedecidos" (John Howard. **Encyclopaedia Britannica**. Disponível em: https://www.britannica.com/biography/John-Howard-British-philanthropist-and-social-reformer. Acesso em: 6 jun. 2023).
77 John Howard foi um dos chamados reformadores penitenciários, fundadores do humanitarismo penitenciário. Conforme o artigo de Pedro Correia Gonçalves (A era do humanismo penitenciário: as obras de John Howard, Cesare Beccaria e Jeremy Bentham. **Revista da Faculdade de Direito da UFG**, Goiânia, v. 33, n. 1, p. 9-17,

crimes, indiretamente tratava de sua conexão com a punição. Howard conseguiu mostrar que, ao passo que somente em Middlesex 467 pessoas haviam sido executadas em nove anos, apenas seis haviam sido executadas em Amsterdã, bem como que, durante cem anos, o número médio de execuções havia sido de uma por ano em Utrecht e que, durante vinte e quatro anos, não houve sequer uma. A inferência, portanto, era de que a diminuição da punição tinha um efeito direto na diminuição do crime. Howard também defendeu a restrição da pena capital aos casos de assassinato, incêndio criminoso e roubo, uma vez que ele acreditava que os ladrões de estrada, pedestres e ladrões habituais deveriam terminar seus dias em uma penitenciária, e não na forca. Mesmo essa era uma proposta ousada, em um estado de sociedade que ainda estava sob a escravidão de Paley.

No entanto, ocorreu algo mais fatal para a reforma de nossas leis penais do que até a filosofia de Paley, que foi a Revolução Francesa. Antes de 1790, havia 115 crimes capitais na França, de modo que alterar a lei penal na Inglaterra era seguir um precedente de auspícios desagradáveis. A reforma tinha um sabor não muito natural de revolução, e especialmente uma reforma das leis penais. Em 1808, Romilly disse que aconselharia qualquer pessoa que desejasse perceber os efeitos maléficos da Revolução Francesa na Inglaterra a tentar alguma reforma legislativa com base em princípios humanos e liberais. Com amargura, ele conta a história de um jovem nobre que, dirigindo-se a ele de forma insolente no bar da Câmara dos Comuns, informou-o de que ele, por sua vez, era a favor do enforcamento de todos os criminosos. Romilly observou que supunha que ele queria dizer que as punições deveriam ser certas e as leis deveriam ser executadas, quaisquer que fossem. "Não, não", foi a

---

2010), ao citar a obra de George Yves, explica que nas viagens desses reformadores pela Europa "encontraram antros de desmoralização e lazaretos por meio dos quais todos os tipos de males se espalharam, e foi esse tão bem-intencionado e, sem dúvida, necessário protesto contra a velha ordem de coisas que deu início a uma série de experiências em animais vivos – os prisioneiros –, e que, removendo grande parte dos escândalos e das crueldades então existentes, inaugurou uma máquina para a aplicação de sofrimento, em comparação com o qual as velhas barbaridades eram relativamente curtas e misericordiosas" (IVES, George. **A history of penal methods**: criminals, witches, lunatics. Montclair: Patterson Smith, 1970, p. 171)

resposta, "não é isso. A misericórdia não traz nenhum benefício. Eles só pioram: eu os enforcaria todos de uma vez". E essa era a opinião predominante. Windham, em um discurso contra o projeto de lei sobre furtos em lojas, perguntou: "A Revolução Francesa não havia começado com a abolição da pena capital em todos os casos? [...] Um sistema como esse deveria ser estabelecido sem consideração contra o do Dr. Paley!"

A primeira ideia de Romilly com relação à reforma da lei criminal foi bastante humilde. Nada mais era do que aumentar o valor da propriedade, cujo roubo deveria expor um indivíduo à morte. Doze pence, conforme fixado pelo estatuto de Elizabeth, originalmente significava um roubo muito maior do que passou a significar depois de dois séculos. A princípio, Romilly não tinha a menor ideia de remover a pena de morte por roubo, sua única esperança era conseguir que ela fosse aplicada a um roubo mais grave do que o furto de um xelim. Mesmo assim, ele não conseguiu consultar os juízes sobre o assunto de seu projeto de lei, pois "não tinha a menor esperança de que eles aprovassem a medida".

Foi por conselho de Scarlett, Lord Abinger, que ele se aventurou a tentar revogar todos os estatutos que puniam o mero furto com a morte. No entanto, considerando inútil insistir em sua abolição de uma só vez, ele resolveu começar com o famoso estatuto de Elizabeth, que tornava crime capital roubar um lenço ou qualquer outra coisa de outra pessoa que tivesse o valor de um xelim. Seu projeto de lei para efetivar isso foi aprovado em ambas as Câmaras no mesmo ano em que foi apresentado (1808), apesar da forte oposição dos grandes dignitários jurídicos de ambas as Câmaras. O estatuto foi baseado, disse o juiz Burton, na experiência de dois séculos e meio. A punição alternativa de transporte por sete anos, disse o procurador-geral, seria muito curta, isto é, deveria ser por mais de sete anos, ou por toda a vida. Se alguma mudança na punição fosse necessária, disse Lord Ellenborough, deveria ser o transporte vitalício.

Essa era a opinião jurídica geral expressada pela maioria dos representantes com relação à punição devida para quem furtava bolsos há menos de cem anos. Hoje, é fácil sorrir de tais erros e do desperdício estéril de sabedoria gasto em sua defesa. Mas, que peso, depois disso, pode ser atribuído em assuntos da política geral da lei à opinião de seus principais professores? É de se lamentar que o presidente Ellenborough tenha sacrificado a própria autoridade, enquanto vivo, bem como a autoridade de todos os juízes destinados a sucedê-lo.

O sucesso que acompanhou o projeto de lei de Romilly sobre roubo privado e o fracasso que acompanhou quase todos os seus outros esforços provavelmente tenha ocorrido em função de o furto à pessoa sem violência ter sido, como foi dito, o único tipo de crime que tinha a sanção de Paley para deixar de ser capital. Mas o próprio sucesso de seu primeiro projeto de lei foi a principal causa do fracasso de seus projetos subsequentes, pois, tendo sido removida a pena capital para o mero furto, os processos se tornaram mais frequentes, e os oponentes da reforma puderam, então, declarar que o aumento do furto havia sido a consequência direta da abolição da pena capital. Foi em vão apontar que o aparente aumento do roubo ocorria em função da maior prontidão dos indivíduos para processar e dos júris para condenar, quando um veredicto de culpa não envolvia mais a morte como consequência.

Romilly também prejudicou sua causa com um panfleto sobre a lei criminal, no qual criticou severamente as doutrinas de Paley. Isso foi tão fortemente ressentido que, em 1810, seu projeto de lei para abolir a pena capital por roubar quarenta xelins de uma residência sequer foi aprovado na Câmara dos Comuns, sendo geralmente contestado, como foi por Windham, porque a manutenção da reputação de Paley era considerada um grande objeto de preocupação nacional. Ou seja, votaram não contra o projeto de lei, mas contra o autor de uma heresia contra Paley.

Naquela época, roubar cinco xelins em mercadorias de uma loja era um crime passível de ser punido com a pena capital, e Paley explicou a filosofia da punição. Seria tedioso seguir o curso do projeto de lei de Romilly contra esse projeto de lei sobre roubos de lojas, através dos detalhes de sua história. Basta dizer que ele foi aprovado na Câmara dos Comuns em 1810, 1811, 1813, 1816, mas foi regularmente rejeitado pelos Lordes, e só se tornou definitivamente lei muitos anos depois. No entanto, embora os debates sobre o assunto não possuam mais o interesse vívido que um dia lhes pertenceu e seja melhor deixá-los no esquecimento que os envolve, é instrutivo pegar apenas uma amostra da eloquência e dos argumentos que uma vez levaram os lordes e os bispos à prisão e expressaram a mais alta sabedoria jurídica que se pode obter na Inglaterra.

Lord Ellenborough, no penúltimo dia de maio de 1810, apelou aos lordes para que fizessem uma pausa antes de aprovarem o projeto de lei sobre furtos em lojas e darem seu consentimento à revogação de uma lei que há tanto tempo era considerada necessária para a segurança pública. Ninguém, insistiu ele, estava mais disposto do que ele próprio a exercer a clemência, mas não havia o menor fundamento para as insinuações de crueldade que haviam sido lançadas sobre a administração da lei. Se o furto em uma loja não exigia a pena de morte, a mesma regra deveria ser aplicada ao furto de cavalos e ovelhas. Apesar de tudo o que foi dito em favor dessa humanidade especulativa, todos concordavam que a prevenção do crime deveria ser o principal objetivo da lei, e que somente o terror poderia prevenir o crime em questão. Aqueles que estavam assim especulando sobre a legislação moderna insistiam que a punição deveria ser certa e proporcional, mas ele poderia convencer a Assembleia de que qualquer tentativa de aplicar uma punição em exata conformidade com o delito seria perfeitamente ridícula. Ele havia consultado os outros juízes, e eles eram unanimemente da opinião de que não seria conveniente aliviar essa parte da severidade da lei criminal.

É preciso dizer que a Câmara dos Lordes fez uma pausa, como lhes foi pedido, e que eles fizeram uma pausa e outra pausa, de uma maneira que sugere mais o ponto final do que a vírgula, geralmente por deferência à mesma autoridade? Romilly ficou indignado com o fato de tantos parlamentares terem votado contra seus projetos de lei. Mas, será que eles poderiam ter feito outra coisa, quando as melhores autoridades jurídicas da Inglaterra insistiram que seria fatal votar a favor deles?

Lord Ellenborough foi tão duro com a "humanidade especulativa", em oposição ao senso comum prático real, que a escola especulativa provavelmente nunca o esquecerá. Mas eles devem muito a ele para não o terem perdoado, já que ele é a prova permanente de que, em questões de política geral da lei, a opinião profissional é um guia menos confiável do que o sentimento popular, e que, em questões de reforma da lei, é melhor negligenciar a sabedoria fóssil de juízes esquecidos e buscar a opinião de Jones na esquina tão prontamente quanto a de Jones no banco.

Um forte sentimento contra o pelourinho foi despertado pela sentença proferida contra Lord Cochrane, em 1814, na qual, por suposta cumplicidade em um complô para aumentar o preço dos fundos, ele foi condenado a um ano de prisão, a uma multa de 1.000 libras e a ficar no pelourinho. Um projeto de lei para a abolição do pelourinho foi aprovado na Câmara dos Comuns no ano seguinte, mas Lord Ellenborough conseguiu novamente fazer que a Câmara Alta parasse: o pelourinho já existia desde 1269; os historiadores antigos falavam dele; não se limitava a este país, pois o historiador francês Du Cange falava dele no continente. Por essas razões, o pelourinho continuou sendo uma punição legal até o primeiro ano do atual reinado.

No entanto, Lord Ellenborough foi um dos melhores juízes conhecidos pela história inglesa. De acordo com seu biógrafo, ele era um homem "de intelecto gigantesco" e um dos melhores estudiosos de clássicos de sua época. Se ele errou, foi com toda a honestidade e boa vontade. O mesmo deve ser dito sobre a oposição do presidente do Supremo Tribunal Tenterden a qualquer mudança na lei de falsificação. Seus grandes méritos também como juiz são matéria de história, mas quando os Comuns aprovaram o projeto de lei para a abolição da pena capital por falsificação, Lord Tenterden assegurou à Câmara dos Lordes que eles não poderiam "sem grande perigo retirar a pena de morte". Quando se lembrava de quantos milhares de libras, e até dezenas de milhares, poderiam ser subtraídos de um indivíduo por meio de um esquema de falsificação bem montado, ele achava que esse crime deveria ser punido com o máximo de punição que a lei permitia na época. A Câmara dos Lordes novamente se submeteu à autoridade judicial.

Sir James Mackintosh, que sucedeu Romilly como reformador da lei, em 1820, introduziu com sucesso seis projetos de reforma penal na Câmara dos Comuns, mas os lordes não aprovaram nenhum deles que fosse de importância prática para o país. Eles concordaram, de fato, que não deveria mais ser uma ofensa capital para um egípcio residir por um ano no país, ou para uma pessoa ser encontrada disfarçada na Casa da

Moeda, ou para danificar a Ponte de Westminster; mas não concordaram em remover a pena capital para ofensas como ferir gado, destruir árvores, quebrar as margens dos rios ou enviar cartas ameaçadoras. Temia-se que se a punição fosse atenuada todo o condado de Lincolnshire poderia ser submerso, florestas inteiras cortadas e rebanhos inteiros destruídos. Quanto ao projeto de lei sobre furtos em lojas, eles não permitiriam que a pena de morte fosse abolida para furtos em lojas, mas somente quando o valor do furto fosse inferior a 10 libras. Esse parecia ser o limite da concessão segura.

Sir Robert Peel, que foi o primeiro reformador ministerial da lei, conseguiu que a pena de morte fosse revogada para vários crimes que eram praticamente obsoletos, mas quarenta tipos de falsificação ainda permaneciam como crimes capitais.

No entanto, as mudanças pareciam ser tão grandes que o jurista, político e historiador escocês James Mackintosh (1765-1832) declarou, no final de sua vida, que era como se ele tivesse vivido em dois países diferentes, tal era o contraste entre o passado e o presente. No entanto, Sir James morreu no mesmo ano em que o primeiro projeto de lei de reforma foi aprovado, e foi somente depois desse evento que qualquer progresso realmente grande foi feito no sentido de melhorar as leis penais.

É bem sabido que Lord Tenterden se recusou a sentar-se novamente na Câmara dos Lordes se o Projeto de Reforma se tornasse lei, e que ele previu que essa medida equivaleria à extinção política da Câmara Alta. No que diz respeito à história de nossa lei criminal, Lord Tenterden estava certo, pois o período de longas pausas havia passado e mudanças rápidas eram feitas com intervalos curtos de tempo para respirar. A partir do ano em que a Lei da Reforma foi aprovada, a escola de Beccaria e Bentham[78] obteve rápido sucesso na Inglaterra. Em 1832, deixou de ser crime roubar um cavalo ou uma ovelha, em 1833, invadir uma casa, em 1834, retornar prematuramente de um transporte, em 1835, cometer sacrilégio ou roubar uma carta. Mas até 1837, ainda havia 37 crimes ca-

---

78 Jeremy Bentham (1748-1832) foi um iluminista inglês considerado o pai do utilitarismo como filosofia moral.

pitais no livro de estatutos; e agora há apenas dois, assassinato e traição. O enforcamento com correntes foi abolido em 1834; o pelourinho foi totalmente abolido em 1837; e no mesmo ano Ewart, após muitos anos de luta, obteve para os prisioneiros em julgamento por crime o direito (ainda meramente nominal) de serem defendidos por um advogado.

Assim, após uma oposição constante e um conflito feroz, a lei inglesa se encontra no ponto exato que Johnson e Goldsmith alcançaram cem anos antes; é tão verdadeiro, como disse Beccaria, que o esclarecimento de uma nação está sempre um século à frente de sua prática. A vitória foi conclusiva para os ultrafilósofos, como eram chamados antigamente, para os humanistas especulativos, pelos quais o bom Lord Ellenborough tinha um desprezo tão honesto. A filosofia de Paley foi esquecida há muito tempo e, se ela oferece alguma lição, ela reside principalmente em uma comparação entre suas previsões sombrias e os resultados reais das mudanças que ele depreciou. A escola prática e profissional de Direito cedeu, em todos os pontos mais importantes, à influência dissolvente do tratado de Beccaria, bem como a crescente demanda por aumentar a segurança da vida humana por meio da instituição de uma penalidade mais eficaz, porque mais certa do que aquela atualmente em vigor, aponta para o triunfo ainda maior dos princípios de Beccaria, que provavelmente marcará, em breve, o progresso de sua influência na Inglaterra.

CAPÍTULO IV
OS PROBLEMAS DA CRIMINOLOGIA

Se quisermos trazer para o estudo do tratado de Beccaria a mesma disposição de espírito com a qual ele o escreveu, devemos entrar no assunto com o espírito de investigação mais livre possível e com um espírito de dúvida, sem sermos desencorajados em sua pesquisa pela autoridade, por mais venerável que seja, pelo costume, por mais extenso que seja, ou pelo tempo, por mais longo que seja. Foi por causa de uma reverência muito grande pela sabedoria da Antiguidade que homens e mulheres de todas as épocas entregaram suas vidas e propriedades ao aprendizado limitado e à pouca experiência de gerações que só viviam para si mesmas e não pensavam em vincular a posteridade às regras que consideravam adequadas ao próprio tempo. Beccaria soou a primeira nota daquele apelo do costume à razão no domínio da lei que tem sido, talvez, a característica mais brilhante na história dos tempos modernos e que ainda está transformando as instituições de todos os países.

O objetivo deste capítulo, portanto, é principalmente negativo, não sendo outro senão suscitar tal desconfiança em relação ao mero costume e um senso de dúvida tão forte, pelas contradições aparentes nas leis e teorias existentes, que as dificuldades de sua solução possam tentar alguma investigação dos princípios sobre os quais elas se apoiam.

O fato de a Criminologia ainda estar apenas em seu estágio experimental como ciência, embora tenha feito progresso nos últimos tempos, fica claro pelas mudanças em andamento constante em todos os departamentos de nosso sistema penal que não mais mutilamos nem matamos nossos criminosos como faziam nossos ancestrais na plenitude de sua sabedoria. Deixamos de exilá-los[79], e nosso único estudo agora é ensinar-

---

79 Na Inglaterra dos séculos XVII e XVIII, a justiça criminal era bastante severa, posteriormente denominada Código Sangrento, que previa a pena de morte para uma ampla gama de crimes. Isso foi assim por causa tanto do número particularmente grande de delitos que eram puníveis com execução (geralmente por enforcamento)

-lhes ofícios úteis e indústria laboriosa. No entanto, se é melhor levá-los a amar o trabalho por meio da ociosidade compulsória ou do trabalho compulsório, se a prisão curta ou longa é a disciplina mais eficaz, se a reclusão ou a associação é menos provável de desmoralizá-los, essas e outras perguntas semelhantes têm suas respostas em uma areia movediça de incerteza. Só se pode dizer que a experiência já provou definitivamente que, em qualquer país, existe muito pouca relação entre a quantidade de crimes e a quantidade ou a severidade da punição direcionada à sua prevenção. Foram necessários milhares de anos para estabelecer essa verdade e, mesmo assim, ela é apenas parcialmente reconhecida em todo o mundo.

À primeira vista parece haver pouco a dizer sobre crimes e punições de tão óbvias e evidentes que parecem ser as relações entre eles. Muitas pessoas ainda acreditam em um senso de justiça inato na humanidade, sempre suficiente para evitar grandes aberrações da equidade. Será que é concebível que os homens percam de vista a distinção entre a punição da culpa e a punição da inocência – que eles punam uma igualmente à outra? Não há país no mundo que, em sua história passada ou presente, tenha deixado de envolver os parentes de um criminoso na punição infligida a ele, e nos países cujos sistemas penal e penitenciário ainda são considerados selvagens em geral ainda é comum satisfazer a justiça com vingança contra algum parente de sangue de um malfeitor que escapa da punição devida a seu crime.

---

quanto em função da escolha limitada de sentenças disponíveis aos juízes para criminosos condenados. Com as modificações no benefício tradicional do clero, que originalmente isentava apenas os clérigos da lei criminal geral, ele se transformou em uma ficção jurídica pela qual muitos infratores comuns de crimes considerados "clericais" passaram a ter o privilégio de evitar a execução. Muitos infratores foram perdoados em razão de não ser considerado razoável executá-los por crimes relativamente menores, mas, de acordo com o estado de direito, era igualmente irracional que eles escapassem totalmente da punição. Com o desenvolvimento das colônias o banimento ou exílio foi introduzido como uma punição alternativa, embora legalmente fosse considerado uma condição de perdão, e não uma sentença. Os condenados que representavam uma ameaça à comunidade eram enviados para terras distantes (BEATTIE, John Maurice. **Crime and the Courts in England 1660 - 1800.** Oxford: Clarendon, 1986, p. 471-472).

Também parece não ser necessária grande perspicácia para perceber que uma intenção voluntária deve ser um atributo universal de uma ação criminosa. Ninguém pensaria em punir um indivíduo que, enquanto dormia, matasse outro, pois, embora esse dano à sociedade fosse a medida para a aplicação da punição, seu crime seria equivalente a um homicídio intencional. No entanto, em Atenas, um assassino involuntário era banido até que pudesse dar satisfação aos parentes do falecido. Já na China, embora o Código Penal daquele país geralmente separe os crimes intencionais dos acidentais, qualquer pessoa que mate um parente próximo por acidente ou cometa certos tipos de incêndio criminoso por acidente é submetida a diferentes graus de banimento e a um número determinado de golpes de bambu.

Mesmo objetos inanimados ou animais foram considerados razoáveis para punição ao longo de muitas eras. Em Atenas, um machado ou uma pedra que matasse alguém por acidente era jogado para além da fronteira. Já a lei inglesa que tornava uma roda de carroça, uma árvore ou um animal que matasse um ser humano perdidos para o Estado em benefício dos pobres só foi revogada no atual reinado. A lei judaica condenava o boi que chifrasse alguém à morte por apedrejamento, assim como condenava o assassino humano. E na Idade Média, porcos, cavalos ou bois não eram apenas julgados judicialmente como homens, com advogados de ambos os lados e testemunhas, mas eram pendurados em forcas como homens, para melhor dissuasão de sua espécie no futuro.

Esses costumes tinham, sem dúvida, seus defensores, e não deixaram o mundo sem uma verdadeira batalha em prol de seu banimento. Deve ter custado a alguém, quem quer que tenha questionado pela primeira vez a sabedoria de enforcar animais ou assassinar os parentes de um criminoso, tanto ridicularização quanto custou a Beccaria questionar a eficácia da tortura ou a aplicação da pena capital. Mas a ousadia do pensamento desse reformador desconhecido provavelmente foi perdida de vista na arrogância de sua profanação e, sem dúvida, ele pagou com o próprio pescoço por sua insensatez em defender o de algum porco ou outro animal.

Pode-se dizer que todos esses absurdos são coisa do passado, que os judeus, os atenienses, os chineses e os europeus da Idade Média dificilmente podem ser citados como seres razoáveis, que eles não tinham uma teoria racional da punição e que seus erros foram descartados há muito tempo. Mas, pelo menos, o exemplo deles sugere que, mesmo em nosso sistema, pode haver inconsistências e manchas que o costume e a autoridade escondem de nossos olhos.

As leis penais são a expressão dos sentimentos morais da humanidade, e ambas são tão variáveis quanto as outras. Na Holanda já foi considerado crime passível de ser punido com pena capital matar uma cegonha e, na Inglaterra, cortar a cerejeira de uma pessoa. Para uma dama romana, beber vinho era um pecado tão hediondo quanto o adultério, e por qualquer um deles ela incorria na sentença extrema da lei. Em Atenas, a ociosidade foi punida por muito tempo, embora para um espartano um ateniense multado por ociosidade parecesse estar sendo punido por manter sua dignidade. No México a embriaguez era um crime mais grave do que a calúnia, pois ao passo que o caluniador perdia as orelhas ou os lábios, o homem ou a mulher bêbada era espancado ou apedrejado até a morte.

Contudo, se as leis penais expressam a ampla variabilidade da moralidade humana, elas também contribuem para tornar as ações morais ou imorais de acordo com as penalidades que podem ser aplicadas ou que as impeçam de ser. Não apenas o que é imoral tende a se tornar penal, mas também qualquer coisa pode se tornar imoral ao ser primeiramente penalizada e, portanto, ações indiferentes muitas vezes permanecem imorais muito tempo depois de terem deixado de ser realmente puníveis. Ressalte-se que os judeus tornaram a violação do sábado igualmente imoral como o homicídio ou o adultério ao aplicarem a cada um deles a mesma pena capital. Embora a violação do sábado ofensa não faça mais parte de nenhum código criminal, ainda tem tanta força moral contra ela quanto muitas ofensas diretamente puníveis pela lei.

Mas talvez as melhores ilustrações da tendência das ações de manter a infâmia, ligada a elas por uma condição passada de punições fanáticas, sejam os casos de suicídio e assassinato de crianças. Se um grego do Período Clássico ou um historiador culto como Plutarco reaparecesse na Terra, nada o impressionaria mais vividamente do que a concepção moderna ou o tratamento recente desses crimes. De acordo com Plutarco, o grande legislador espartano Licurgo encontrou sua morte por inanição voluntária por causa da persuasão de que até a morte dos legisladores deveria ser útil para a humanidade e servir-lhes de exemplo de virtude e grandeza. Já Sêneca sustentava que era papel de um indivíduo sábio não viver o quanto pudesse, mas o quanto devesse. Com que espanto, então, Plutarco ou Sêneca não leriam sobre as recentes punições europeias para o suicídio – de Lady Hales perdendo a propriedade que possuía em conjunto a seu marido, o juiz, porque ele se afogou; da estaca e da encruzilhada; da lei inglesa que ainda considera o suicídio um assassinato e condena à punição do assassino comum um dos dois homens que, em uma tentativa mútua de autodestruição, sobrevive ao outro! É possível, ele perguntaria, que uma ação que foi considerada uma das mais nobres que uma pessoa poderia realizar tenha realmente passado a ser vista com qualquer outro sentimento que não seja o de piedade ou um triste respeito?

O caso do infanticídio sugere pensamentos semelhantes. Quando nos lembramos de que tanto Platão quanto Aristóteles recomendavam como um valioso costume social aquilo que tratamos como crime; quando nos lembramos do fato de que a vida de uma criança espartana dependia de um comitê de anciãos, que decidia se ela deveria viver ou perecer, apreciaremos melhor a distância que percorremos, ou, como alguns diriam, o progresso que fizemos se pegarmos algum jornal diário inglês e lermos sobre algum juiz inglês de mente elevada condenando, pelo menos formalmente, alguma mulher miserável à morte, porque, para salvar seu filho da fome ou a si mesma da vergonha, ela o libertou da existência. No entanto, o sentimento do qual tal sentença é a expressão é frequentemente exaltado como um dos maiores triunfos da civilização; e as leis, como se não houvesse diferença entre a vida adulta e a infantil, se gloriam em proteger a fraqueza de uma criança por meio de sua impiedosa desconsideração pela fraqueza de sua mãe.

Mas, pelo menos, pensa-se, já chegamos a alguns princípios sobre punição que correspondem às verdades eternas da equidade. A igualdade, por exemplo, não é um dos principais elementos essenciais da punição? Não é um axioma penal, com quase a sanção de uma lei moral, que todos os homens devem sofrer igualmente por crimes iguais? No entanto, se por igualdade se entende a mesma punição, o mesmo tipo de trabalho, o mesmo termo de servidão, a mesma multa pecuniária – e essa é a única coisa que pode significar – o que é mais óbvio do que a mesma punição para ricos e pobres, para jovens e idosos, para fortes e fracos, para homens e mulheres, para educados e não educados, trará para a elaboração de um código penal a maior desigualdade que a imaginação pode conceber? Beccaria insiste que a lei não pode fazer mais do que atribuir a mesma punição extrínseca ao mesmo crime; ou seja, a mesma punição, independentemente de todas as outras considerações externas. Assim, ele pede que seja infligida a mesma punição ao nobre e ao plebeu. Que seja assim; mas a mesma punição não é mais igual e, portanto, dessa mesma demanda por igualdade surge a demanda por seu oposto, pelo que Bentham chama de equabilidade da punição, ou seja, a consideração das diferentes circunstâncias dos criminosos individuais. Como a mesma punição nominal não é a mesma punição real, a igualdade de punição parece ser uma quimera, e a lei, que pune, digamos, um oficial distinto com menos severidade que pune um comerciante pelo mesmo crime, talvez esteja errando menos em relação à igualdade real do que se condenasse ambos exatamente à mesma punição.

Novamente, a proporção entre o crime e a punição parece ser outra exigência natural da equidade. No entanto, é evidente que isso é apenas aproximadamente possível e variará em cada época e país, de acordo com as noções predominantes de moralidade. A prisão por um ano, ou prisão perpétua, ou por qualquer período de tempo é uma punição justa e proporcional para o perjúrio? Quem deve decidir? Devemos submeter a questão à opinião dos juízes? Mas Romilly não deixou registrada a história dos dois homens julgados por dois juízes diferentes por roubar algumas galinhas, os quais foram condenados, respectivamente, um a prisão por dois meses, e o outro ao exílio? Devemos, então, desistir de qualquer tentativa de proporção e aplicar a mesma punição como igualmente eficaz contra delitos leves ou graves? Diz-se que Drácon[80], quando lhe perguntaram por que ele fez da morte a punição para a maioria dos delitos possíveis, respondeu: "Os pequenos a merecem, e não consigo encontrar algo maior para os mais graves". O mesmo raciocínio foi, por muito tempo, o de nossa lei; e no Japão, onde cada ato errado era uma desobediência ao imperador e, portanto, de igual valor, a mesma pena de morte para jogos de azar, roubo ou assassinato, eliminou todas as dificuldades com relação a uma proporção que é mais fácil de imaginar do que de definir.

A analogia entre crime e punição é outra ideia que, exceto no caso da morte pela morte, foi relegada da prática da maioria das leis penais. No entanto, o princípio tem a seu favor a autoridade de Moisés, a autoridade de todo o mundo e de todos os tempos, de que a punição deve, se possível, assemelhar-se ao crime que pune em sua espécie, de modo que um indivíduo que cega outro deve ser cegado, e aquele que desfigura outro deve ser desfigurado. Assim, na mitologia do velho mundo, Teseu e Hércules infligiam aos poderes malignos que conquistam as mesmas crueldades pelas quais suas vítimas eram famosas. Termenus teve seu crânio quebrado por ter quebrado a cabeça de outras pessoas usando o próprio crânio. Já Busiris foi sacrificado como penalidade por ter sacrificado outros. Tanto Montesquieu quanto Beccaria também defendem a analogia na punição, assim como Bentham, até certo ponto; de fato, há poucos contrastes maiores entre as teorias do grande jurista inglês e a prática inglesa moderna do que o fato de que o primeiro não deveria ter depreciado algum sofrimento por meio de queimadura como uma penalidade análoga ao crime de incêndio criminoso, e que ele deveria ter aconselhado a transfixação da mão de um falsificador ou da língua de um caluniador por um instrumento de ferro diante do olhar público como punições boas e eficientes para a falsificação e a calúnia.

Essas são algumas das dificuldades do assunto, que nos ensinam a necessidade de uma constante abertura de espírito com relação a todas

---

80 Drácon, legislador ateniense do século VII a.C., foi o autor da primeira constituição escrita de Atenas, que entrou para a história como o "Código de Drácon" (620 a.C.), o qual previa pena de morte para quase todos os crimes.

as ideias ou práticas relacionadas ao Direito Penal. Mas, se quisermos examinar melhor nossas noções estabelecidas, devemos considerar uma declaração de Hobbes[81] que vai até a raiz da teoria da punição.

"Nas vinganças ou punições", diz Hobbes, "os homens não devem olhar para a grandeza do mal passado, mas sim para a grandeza do bem que se seguirá, de modo que estamos proibidos de infligir punição com qualquer outro objetivo que não seja a correção do infrator e a admoestação dos outros". E a mesma coisa tem sido dita repetidamente, até que se tornou um lugar-comum na Filosofia do Direito que o objetivo da punição é reformar e dissuadir. Como foi dito certa vez por uma grande autoridade jurídica: "Não o enforcamos porque você roubou um cavalo, mas para que os cavalos não sejam roubados"[82]. A punição, segundo essa teoria, é um meio para um fim, não um fim em si mesma.

No entanto, supondo que fosse provado amanhã que a punição falha totalmente nos fins que lhe são imputados; que, por exemplo, o maior número de crimes é cometido por criminosos que já foram punidos; que para uma chance de reforma de um ser humano durante sua punição há cem a favor de sua deterioração; e que a influência dissuasiva de sua punição é totalmente removida pelas próprias descrições dela; devemos supor por um momento que a sociedade deixaria de punir, com base no fato de que a punição não atingiu nenhum de seus fins professados? Será que ela diria ao ladrão de cavalos: "Fique com seu cavalo, pois nada que possamos fazer com você poderá torná-lo melhor, tampouco impedir que outros tentem obter cavalos da mesma forma?".

Ou, em um caso mais forte. Um desertor das fileiras foge para sua casa, invade-a à noite, rouba de um pai enfermo todas as economias que ele tinha para sua velhice e, em uma luta por sua posse, fere-o de tal forma que ele morre. Será que a lei deve renunciar a toda indignação, a todo ressentimento, na punição que inflige, e dizer a esse desertor ladrão que só o trata com dureza para advertir os outros com seu exemplo, e

---

[81] Thomas Hobbes (1588-1679) foi um político e filósofo inglês, autor de *Leviatã* (1651), escrito durante a Guerra Civil Inglesa, em que defende um contrato social e a necessidade de haver um soberano absoluto para ter um governo central forte.
[82] SÊNECA. **Sobre a ira**: sobre a tranquilidade da alma; PLATÃO. **Das leis**.

com a piedosa esperança de fazer dele um bom homem no futuro? Se o ressentimento é sempre justo, é errado expressá-lo publicamente? Se isso é natural e correto na vida privada, por que deveria ser motivo de vergonha na vida pública? Se existe algo como a raiva justa para um único indivíduo, ela se torna injusta quando distribuída entre um milhão de pessoas?

De fato, a lei fornece uma prova muito clara de que seu verdadeiro propósito é administrar a justiça retributiva e que a punição não tem um fim além de si mesma, por sua cuidadosa distribuição da punição ao crime, por seu ajuste invariável entre o mal que um humano fez e o mal que lhe é retribuído. Com que propósito punir os delitos de acordo com uma determinada escala, com que propósito ficar medindo sua gravidade, se o objetivo da punição é meramente a prevenção do crime? Por que punir um furto leve com alguns meses de prisão e um roubo com outros tantos anos? O furto leve, por ser mais fácil de ser cometido e, portanto, mais tentador, certamente deveria ter uma pena mais severa afixada a ele do que um crime que, por ser mais difícil, também é menos provável e tem menor necessidade de haver fortes contraindicações para restringi-lo. O fato de a lei nunca raciocinar dessa forma é porque ela pondera os delitos de acordo com seus diferentes graus de criminalidade, ou, em outras palavras, porque ela sente que a retaliação justa para o roubo não é uma retaliação justa para o furto.

Se, além disso, a prevenção do crime é o principal objetivo da punição, por que esperar até que o crime seja cometido? Por que não punir antes, como se diz que um certo turco na Barbária[83] fazia, que, sempre que comprava um novo escravo cristão, mandava suspendê-lo imediatamente pelos calcanhares e açoitasse a sola de seus pés – um método de infligir dor e humilhação por meio da aplicação de uma surra nas solas dos pés descalços –, para que o senso severo de sua punição pudesse impedi-lo de, no futuro, cometer as faltas que a mereceriam? Ele não estaria, então, cem vezes mais propenso a violar a lei do que estava antes;

---

83 Termo usado pelos europeus, desde o século XVI até ao século XIX, para se referirem às regiões costeiras de Marrocos, Argélia, Tunísia e Líbia, ou seja, o atual Magrebe, excetuando o Egito.

e ele seria sempre mais perigoso para a sociedade do que quando sofreu pelo exemplo público e foi liberado da disciplina que pretendia reformá-lo? Ainda é verdade, como Goldsmith disse há muito tempo, que mandamos um indivíduo para a prisão por um crime e o deixamos solto novamente, pronto para cometer mil. E assim é que, das 74 mil almas que compõem nossas classes criminosas, ao passo que cerca de 34 mil delas ocupam nossas prisões e reformatórios, ainda há um exército de 40 mil à solta em nosso meio, que classificamos como ladrões conhecidos, receptadores de bens roubados e pessoas suspeitas[84].

Portanto, a filosofia simples de punição de uma criança é, afinal, a correta, quando ela lhe diz sem hesitação que a razão pela qual uma pessoa é punida por uma ação ruim é simplesmente "porque ela merece". A noção de deserto na punição é baseada inteiramente em sentimentos de justiça de ressentimento. Assim, o objetivo principal da punição legal é precisamente o mesmo que pode ser demonstrado historicamente como sua origem, ou seja, a regulamentação pela sociedade dos erros dos indivíduos. Em todas as leis e sociedades antigas podem ser vistos traços distintos da transição da "vindicta"[85], ou direito de vingança privada, do controle da pessoa ou família prejudicada por um crime para o controle da comunidade em geral. Essa vingança, a princípio, decidia apenas a questão da culpa, deixando a punição a critério dos indivíduos diretamente envolvidos no crime. Até hoje, na Turquia, as sentenças de morte por assassinato são proferidas da seguinte forma: fulano de tal é condenado à morte a pedido dos herdeiros da vítima; e essas sentenças às vezes são executadas na presença deles. Aos poucos, a comunidade também obteve o controle da punição e, assim, o poder privado tornou-se direito público, e o ressentimento de lesões individuais tornou-se a Justiça Retributiva do Estado.

O reconhecimento dessa regulação do ressentimento como o principal objeto da punição proporciona o melhor teste para medir sua justa

---

84 Segundo as estatísticas judiciais de 1878.
85 Do latim, significa o sentimento de reparação de uma ofensa, em que a pessoa ofendida acredita ter o direito de se vingar, porém passa a se comportar do mesmo modo que o ofensor.

quantia. Pois será considerado justo o montante necessário, ou seja, o que for suficiente para o objetivo visado – a satisfação do ressentimento geral ou particular. Deve ser tanto, e não mais, que impeça os indivíduos de preferirem fazer justiça com as próprias mãos a procurar reparar seus danos. Esse grau só pode ser obtido por meio da experiência, e não é nenhuma objeção real a ele o fato de que, obviamente, deve ser um tanto arbitrário e variável. Tanto Wladimir I, o primeiro czar cristão da Rússia, quanto Wladimir II tentaram a experiência de abolir a pena capital por assassinato, mas o aumento dos assassinatos por vingança os obrigou a voltar aos antigos modos de punição. Alguns séculos depois, a imperatriz Elizabeth tentou com sucesso a mesma experiência, sem o renascimento da vingança, pois o estado da sociedade havia mudado tanto que os parentes de um indivíduo assassinado não insistiam mais na morte de seu assassino. Mas se Elizabeth tivesse abolido toda a punição legal por assassinato – ou seja, se ela não tivesse permitido nenhuma vingança pública de qualquer tipo – sem dúvida a vingança teria se tornado privada novamente.

De acordo com a mesma regra, no caso de furto, o valor da coisa furtada, com algum equivalente pelo trabalho de recuperá-la, retirado do infrator ou transformado em uma garantia sobre seus ganhos, parece ser tudo o que a Justiça pode exigir. Sir Samuel Romilly, ele próprio inigualável como advogado, escreveu há setenta anos: "Se a restituição da propriedade roubada e apenas algumas semanas ou mesmo alguns dias de prisão fossem a consequência inevitável do roubo, nenhum roubo seria cometido". No entanto, as seguintes sentenças foram retiradas aleatoriamente de fontes inglesas autênticas: três meses de prisão por roubar um cachimbo; seis meses por roubar um centavo; doze meses por roubar um guarda-chuva; cinco anos de servidão penal por roubar alguns selos de uma carta; sete anos por roubar dois centavos. Nesses casos, o princípio da vingança excede os limites da necessidade e, portanto, da justiça, ao passo que a lei perde toda a sua dignidade como expressão de um ressentimento impassível.

É possível, então, distribuir antecipadamente as punições aos crimes de tal forma que, quando um crime for cometido, seja necessário apenas consultar um código e detectar imediatamente a punição apropriada? Ou a lei deve ser geral em sua linguagem e deixar uma ampla margem para a discrição do juiz? Beccaria gostaria que a função judicial se limitasse apenas à constatação do fato de um crime, com sua punição preestabelecida pela lei. Por outro lado, diz-se que é impossível prever todos os casos que possam surgir; que não há dois casos iguais; que é melhor deixar o bom ajuste das penalidades para a sabedoria e a imparcialidade de um juiz, e apenas limitar sua discricionariedade por meio de regras de uma descrição mais ampla.

O Código Penal chinês, de 1647, provavelmente é o que mais se aproximou da concepção de Beccaria, e nada é mais maravilhoso do que a precisão como ele distribui as punições para cada tipo de crime, não deixando nenhuma ofensa concebível, de comissão ou omissão, sem seu número exato de golpes de bambu, sua penalidade pecuniária exata ou seu termo exato ou distância de banimento. É impossível, nesse código, conceber qualquer discrição ou margem de dúvida deixada para os oficiais de justiça além da descoberta do fato de um suposto crime. Mas o que é praticável em um país é praticável em outro; de modo que a acusação tão frequentemente apresentada contra essa eliminação da discricionariedade judicial, de que ela é justa na teoria, mas impossível na prática, encontra-se em conflito direto com os fatos da vida real[86].

Mas, embora as leis de todos os países reconheçam, em diferentes graus a natureza retributiva da punição por meio de sua constante atenção à sua distribuição pelo crime, há outro corolário da conveniência de uma proporção justa entre os dois, que nunca foi nem é provável que seja aceito, a saber: que do ponto de vista do interesse público, que em teoria é o único ponto de vista legal, não é atenuante para um crime o fato de ser um primeiro delito, tampouco agravante para um crime o fato de ser o segundo.

Pois, uma vez que a observância de alguma proporção regular entre o crime e a punição, qualquer que seja essa proporção, constitui o pri-

---

86 STAUNTON, George Thomas. **Ta Tsing Leu Li being the fundamental laws, and a selection from the supplementary statutes of the penal code of China.** London: T. Cadell & W. Davies, 1810.

meiro princípio de um código equitativo, pois, uma vez que a coisa mais importante na moralidade pública é uma estimativa penal fixa para cada classe de crime, é acima de tudo desejável que a lei sempre incorpore a essa proporção e estimativa, preocupando-se apenas com o crime, e não com o criminoso. O dano ao público é exatamente o mesmo, quer um criminoso tenha violado a lei pela primeira vez, quer pela milésima. Punir uma pessoa mais severamente por seu segundo delito do que pelo primeiro, porque ele já foi punido antes, é deixar de lado toda a consideração pela devida proporção entre crime e punição, que é, afinal, o principal ingrediente da justiça retributiva, e infligir uma penalidade muitas vezes totalmente incomensurável com o dano infligido ao público.

Por exemplo, o prejuízo para o público não é maior na centésima vez que um indivíduo rouba um coelho do que na primeira. O público pode estar interessado na prevenção da caça ilegal, mas não está interessado na pessoa do caçador ilegal nem no número de vezes que ele tenha infringido a lei. A lei pretende ser impessoal – tratar os delitos como eles afetam o Estado, não como eles afetam os indivíduos; agir de forma mecânica, fria e desapaixonada. Portanto, ela deve simplesmente lidar com a quantidade de dano causado por cada delito específico e aplicar a ele sua penalidade específica, independentemente de todas as questões de antecedentes morais. A repetição de um delito pode tornar sua imoralidade maior, mas sua criminalidade permanece a mesma, e somente isso está dentro da competência da lei.

É o crime específico, não o fato de ser um segundo ou terceiro crime, que é prejudicial. Nem uma comunidade nem um indivíduo sofrem mais com a prática de um crime por um indivíduo que o comete pela segunda vez do que com a prática desse crime por outro que nunca o cometeu antes. Se dois irmãos forem roubados, cada um, de uma libra em duas ocasiões diferentes, aquele que for roubado todas as vezes pelo mesmo criminoso não sofrerá mais do que aquele que for roubado todas as vezes por criminosos diferentes. Muito menos o público é mais prejudicado em um caso do que no outro. Portanto, o irmão anterior não tem direito a mais restituição por sua segunda perda do que o outro, tampouco tem mais direito sobre a sociedade de infligir uma punição mais severa em seu nome do que aquela infligida pela segunda perda de seu irmão.

Algumas histórias podem ser consideradas ilustrativas de milhares de casos para indicar o prejuízo e a farsa judiciária que surgem da negligência desse princípio e do costume de fazer uma investigação legal dos antecedentes morais.

Um trabalhador rural, com esposa e quatro filhos, que ganhava onze xelins por semana, foi preso na cadeia do condado por dois meses pelo roubo de uma libra de manteiga. Logo após sua libertação, a doença entrou em sua casa e, para suprir as necessidades de seus filhos, ele novamente cedeu à tentação e roubou doze ovos de pata. Por esse fato, ele foi condenado a sete anos de servidão penal; ou melhor, não por esse furto, mas porque ele já havia incorrido em uma punição severa pelo furto de um pouco de manteiga. Apesar de a sentença ter sido perfeitamente legal, não foi perfeitamente injusta?

Quase qualquer número da revista *Times* ilustrará a mesma coisa. Veja o relato do Middlesex Sessions[87], de 24 de fevereiro de 1880. Lá encontramos o caso de um homem e uma mulher condenados a sete e cinco anos de prisão, respectivamente. Que monstruosidades eles haviam cometido? O homem havia roubado três e meio pence de alguém; e a mulher, que era lavadeira, havia roubado duas saias, no valor de seis xelins, de um vendedor de pés de carneiro. O homem já havia sido condenado a sete anos de prisão por um roubo com violência, e a mulher já havia sido condenada à prisão três vezes em sua vida. Mas será que, pelo fato de um homem ter sido severamente punido uma vez, nenhuma regra ou medida será observada com ele se ele for reincidente? E será que um vendedor de pés de carneiro não poderia ter sido satisfeito, sem que uma lavadeira se tornasse um fardo para o Estado?

Será dito, é claro, que a prática de proferir sentenças maiores quando há condenações anteriores prevalece em todo o mundo e em todos os Estados civilizados. Mas nesse mesmo fato reside a força do argumento contra ela. De acordo com a lei romana, um terceiro caso de roubo, por menor que fosse, era

---

87 Trata-se de uma série de registros que dão uma visão de muitos aspectos da vida cotidiana durante um período de mais de 350 anos.

caso de condenar um homem à morte[88]. De acordo com as leis de St. Louis, o indivíduo que roubasse uma coisa de valor insignificante perdia uma orelha na primeira vez, um pé na segunda e era enforcado na terceira. Pelo Código Penal da Sardenha, no século XV, os jumentos eram condenados a perder uma orelha na primeira vez que invadissem um campo que não fosse de seu dono, e a segunda orelha em uma segunda ofensa. Mas chega de exemplos como esse. A prática é, sem dúvida, universal, mas em algum momento as provações e torturas também o eram. Não poderia, então, a prática ser, como elas, parte integrante de um estado bruto de direito, inevitável em seu surgimento para coisas melhores, mas do qual vale a pena algum esforço para escapar?

Há, entretanto, certas limitações mesmo para a suposta universalidade do costume. Pois os juristas romanos não consideravam a imposição de sanção penal por duas vezes como uma circunstância em si mesma que justificasse o agravamento da punição; e tudo o que pode ser deduzido de alguns fragmentos de *Pandectas* ou *Digesto* e do Código é que alguns casos particulares de crimes repetidos eram punidos mais severamente do que um primeiro delito. Mas eram crimes do mesmo tipo; e um indivíduo cujo primeiro crime foi um roubo e o segundo foi um assalto não teria incorrido em uma pena agravada. O mesmo ocorre hoje nos códigos austríaco, toscano e alguns outros: um segundo crime só é punido mais severamente como um segundo crime quando é do mesmo tipo que o primeiro, de modo que não seria suficiente provar simplesmente uma condenação anterior por crime, independentemente do tipo específico. Há também outra limitação que às vezes foi reconhecida, pois no Direito romano a regra de uma pena maior caía por terra se três anos se passassem sem ofensa entre a punição por um crime e o cometimento de um segundo[89].

---

88 Prospero Farinacci (1554-1618), conhecido por suas sentenças severas, foi um jurista, advogado e juiz italiano do Renascimento. Sua obra, intitulada *Prática e teoria do direito penal*, foi a maior influência sobre o Direito Penal na era do Iluminismo. Sua filosofia era que fazer qualquer coisa duas vezes era o mesmo que fazê-la com frequência.

89 No Brasil, "de acordo com o artigo 44, parágrafo 3º, do Código Penal, se o condenado for reincidente, o juízo poderá aplicar a substituição da pena, desde que, diante da condenação anterior, a medida seja socialmente recomendável e a reincidência não esteja relacionada à prática do mesmo crime" (Informativo de Jurisprudência 706 do STJ. **AREsp 1.716.664-SP**. Julgamento em: 25 ago. 2021).

Se for dito que uma segunda condenação torna necessário que a sociedade se proteja por meio de medidas mais fortes contra um membro que, dessa forma, desafia seu poder, pode-se perguntar se isso não é uma aplicação exatamente do mesmo raciocínio aos crimes de indivíduos, que, quando aplicado aos crimes de todos os seres humanos, geralmente levou nossos ancestrais a se desviarem tanto na distribuição de suas punições. Nada poderia ter sido mais plausível do que o raciocínio deles: "A punição em voga não diminui o crime, portanto, aumente a punição". Mas nada poderia ter sido menos satisfatório do que o resultado, pois, com o aumento da punição, o aumento do crime andou de mãos dadas. O mesmo raciocínio é igualmente plausível no caso de indivíduos com a mesma pergunta desconcertante resultando no final: "Como é possível que, apesar da ameaça de uma punição maior, a maioria dos criminosos ainda seja de infratores antigos?".

Infelizmente, não é uma mera teoria o fato de que a maioria dos crimes é cometida exatamente por aqueles que mais se arriscam ao cometê-los, ou seja, por aqueles que os cometem tendo em vista a pena agravada. De acordo com a lei existente (da qual os Comissionados do Código Penal e da Servidão Penal propuseram a mitigação), qualquer pessoa condenada por crime após uma condenação anterior por crime está sujeita à servidão penal vitalícia ou à prisão com trabalhos forçados por quatro anos, com uma ou mais chicotadas. A pena mínima para uma segunda condenação por crime é de sete anos. No entanto, com o conhecimento de tais punições aumentadas diante de seus olhos, com a plena consciência de suas responsabilidades como infratores antigos, as estatísticas oficiais mostram que, tanto dos condenados do sexo masculino quanto do sexo feminino nas prisões de condenados inglesas, consideravelmente mais da metade já havia incorrido em condenações anteriores[90]. Dos condenados do sexo masculino, em 1878, 79% eram reincidentes, ao passo que

---

90 Segundo estatísticas apresentadas pelo autor, os números de maio de 1878, na Inglaterra, foram os seguintes: homens, 8.983; desses, apenas 2.064 não tinham tido nenhuma condenação anterior de qualquer tipo, 4.672 tinham tido sentenças de prisão curta e 2.247 sentenças de prisão curta. Das 1.226 mulheres, 124 nunca haviam sido condenadas anteriormente, 635 haviam sido sentenciadas a penas inferiores a prisão, 567 sentenças de prisão penal (**Penal Servitude Report**, iii. 1170. Ver também ii. 206, 296, 364).

das mulheres 89% eram casos de crimes reincidentes. Não se pode, então, argumentar, com base em tal falha do sistema, que há um erro no princípio em que ele se baseia? Pois não é evidente que a pena agravada faz tão pouco para dissuadir quanto a pena original faz para reformar?

Mas, sem dúvida, a punição, embora em sua origem e intenção atual seja vingativa, deve exercer uma certa força preventiva contra o crime, e essa força preventiva dificilmente pode ser estimada, pois o que é evitado, é claro, não é visto. No entanto, a eficiência da punição como um impedimento é proporcional à sua certeza, e há um grande elemento de incerteza que nunca pode ser eliminado. Para todo malfeitor há duas esperanças: primeiro, que ele possa escapar da detenção ou apreensão; segundo, que ele possa escapar da condenação. Os seguintes fatos atestam que suas esperanças de impunidade não são, sem razão, maiores do que seus temores de punição.

Em um período de dez anos, de 1867 a 1876, o número total dos principais delitos indiciáveis cometidos na metrópole contra a propriedade – e esses constituem a grande maioria dos crimes – foi de 117.345. Mas as detenções por esses delitos foram de apenas 26.426, ao passo que as condenações foram apenas 19.242. Em outras palavras, as chances contra a detenção por crimes como roubo ou furto são de quatro para um a favor do criminoso, ao passo que as chances contra sua condenação são de seis para um. Assim, quando descobrimos que apenas 16% desses crimes recebem alguma punição, os 84% restantes escapam completamente, e que apenas 22% são seguidos de detenção, admiraremos ainda mais a eficácia geral de nosso mecanismo criminal, no qual a prevenção por meio da punição desempenha um papel tão pequeno.

Mas a punição tem praticamente a mesma relação com o crime no país em geral que tem na metrópole. Tomemos um ano como uma amostra justa de todos. O número total de delitos de todos os tipos relatados à polícia entre 1877 a 1878 foi de 54.065. Por esses delitos, apenas 24.062 pessoas foram presas. Dessas últimas, apenas 16.820 foram mantidas sob fiança ou levadas a julgamento; e dessas, novamente, 12.473 foram condenadas, de modo que, embora a proporção de condenações em relação ao número de prisioneiros que chegam a julgamento seja de cerca de

75%, a proporção de condenações, ou seja, de punições, em relação ao número de crimes cometidos é tão baixa quanto 23%. Dos 54.065 crimes relatados à polícia em um ano, 41.592 foram de fato cometidos com impunidade; e assim, a proporção entre os crimes bem-sucedidos de todos os tipos e os malsucedidos é um pouco maior do que quatro para um. Portanto, há uma verdade evidente no que uma boa autoridade disse: "Comparativamente, poucos delitos são seguidos de detenção e punição e, com um grau moderado de astúcia, um infrator pode geralmente continuar por um longo tempo com apenas controles fracos, se não com total impunidade".

Contra essa incerteza geral de punição, que nenhuma severidade na lei pode afetar ou compensar, a única certeza de punição dependente da lei é no caso de condenação. Mas mesmo essa certeza é de uma natureza muito qualificada, pois depende de sentimentos de devida proporção entre um crime e sua pena, que não são iguais em dois homens. Todo aumento de severidade na punição diminui sua certeza, pois dá ao criminoso novas esperanças de impunidade pela clemência de seus juízes, promotores ou jurados.

Mas há ainda mais incerteza na punição, pois é bem conhecido no mundo do crime, como em qualquer outro lugar, que a sentença pronunciada no tribunal não é a sentença real, e que nem a servidão penal por cinco anos nem a servidão penal por toda a vida significam necessariamente algo do gênero. A humanidade da legislação moderna insiste em uma remissão da punição, dependente da vida de um condenado a realizar trabalhos enquanto estiver encarcerado nas prisões públicas, para que o elemento de esperança possa alegrar seu destino e, talvez, reformar seu caráter. No início, essa remissão dependia simplesmente de sua conduta, que talvez fosse generosamente chamada de boa quando era difícil ser ruim; agora, ela depende da quantidade de trabalho realizado. No entanto, o elemento de esperança poderia ser assegurado de outra forma que não fosse diminuindo a certeza da punição, por exemplo, associando o trabalho ou a boa conduta a pequenos privilégios como alimentação, redação de cartas ou recebimento de visitas, que ainda lançam alguns raios de prazer sobre a monotonia da vida de criminoso. Não se deve esquecer que a Comissão de 1863, que defendeu com tanta veemência a remição[91] de partes das sentenças penais, o fez a despeito de um de seus principais membros, contra uma autoridade não menos importante do que o presidente do Supremo Tribunal de Justiça, à época Sir Alexander Cockburn. O próprio fato de a remição de uma sentença ser admitida é uma admissão de sua severidade excessiva, pois dizer que uma sentença nunca é executada é dizer que ela nunca deveria ter sido infligida.

Portanto, surge a pergunta: o crime depende, em alguma medida apreciável, do encarceramento, ou da duração ou da brevidade das sentenças?

O direito de fazer essa pergunta deriva da experiência recente. Em 1853, o país decidiu encurtar os termos da servidão penal em comparação com os do sistema de banimento, que estava expirando, e que deveriam ser substituídos. Quatro anos depois, decidiu-se igualar os termos da servidão penal com os termos anteriormente concedidos para o exílio, embora o banimento por sete anos ainda tivesse seu equivalente em três anos de servidão penal. Em seguida, veio o ano do enforcamento, 1862, em consequência do qual o período mínimo de servidão penal foi aumentado para cinco anos, e nenhuma sentença de servidão penal, após uma condenação anterior por crime, deveria ser inferior a sete anos. Agora, mais uma vez, a maré virou a favor de sentenças mais curtas, e é oficialmente proposto que se abandone o último mínimo de servidão por considerá-lo muito severo e por levar, na prática, a sentenças de prisão simples, que, por outro lado, são consideradas muito leves.

Em um caminho tão ziguezagueante, nossa legislação penal tem sentido, e ainda está sentindo, seu caminho, com evidente desconfiança daquele princípio de repressão, tão falso quanto antigo, de que um aumento do crime só pode ser atendido por um aumento da punição.

Parece haver três razões principais pelas quais, sob nosso sistema atual, o crime ainda mantém seu nível geral, independentemente de todas as mudanças em nossos graus de punição.

---

91 Diminuição do tempo de cumprimento de pena por trabalho ou estudo (art. 126 da Lei nº 7.210, de 11 de julho de 1984).

Em primeiro lugar, nossas prisões de obras públicas, por mais que sejam excelentes em seus resultados materiais, são muitas escolas do crime, onde, para um ofício honesto que uma pessoa aprende por compulsão, ela adquire o conhecimento de três ou quatro que são desonestas. "Eu me familiarizei", diz um condenado libertado, "com mais do que é ruim e maligno, juntamente aos esquemas e esquivas de ladrões e vigaristas profissionais, durante os quatro anos em que servi à Rainha por nada, do que eu deveria ter feito em cinquenta anos fora dos muros da prisão[92]. As salas do presídio Dartmoor são tão ruins quanto é possível que algo seja, são realmente salas de aula na faculdade de vícios, onde todos são igualmente estudantes e professores. O sistema atual, na maioria dos casos, apenas completa a educação viciada e criminosa do indivíduo, em vez de reformá-lo minimamente. Tem-se tentado, de várias maneiras, prevenir essa dificuldade ao diminuir as oportunidades de companheirismo, mas a desmoralização real da vida na prisão provavelmente ocorre em função menos do contato real dos homens maus uns com os outros do que ao senso de criminalidade amortecido que eles derivam do sentimento de número, assim como, pela mesma causa, o perigo de afogamento é esquecido no gelo. Os prisioneiros que passam a ser membros de gangues perdem toda a vergonha do crime, assim como os homens nos exércitos esquecem seu horror nativo ao assassinato.

Em segundo lugar, uma grande proporção da classe criminosa habitual é formada por pessoas fracas de espírito ou imbecis, notórias pelo cometimento repetido de pequenos furtos, crimes de violência e passionais, e confessadas como "não passíveis das influências comuns do interesse próprio ou do medo da punição"[93]. Seu lugar apropriado não é um asilo?

Em terceiro lugar, há a saída da prisão. Na verdade, se a prevenção do crime for o principal objetivo da sociedade, é justamente quando um indivíduo é libertado da prisão que, do ponto de vista social, parece

---

92 Depoimento de William Hamilton Thomson, autor do livro "Cinco anos de servidão penal – por alguém que já passou por isso", publicado originalmente em Londres, por R. Bentley, em 1877.
93 *Penal Servitude Report*, 1170, i. 43.

haver mais razão para enviá-lo para lá. Pois mesmo que ele não tenha aprendido nenhum meio de vida desonesto enquanto estiver na prisão, como poderá, quando sair dela, começar a obter um meio de vida honesto? Se a tentação foi muito forte para ele quando todas as portas estavam abertas, é provável que seja menos forte quando a maioria estiver fechada? Não será algo como um milagre se, com duas libras pagas a ele em sua dispensa e sua passagem de trem paga para casa, ele comer por um tempo considerável o pão da honestidade e dormir o sono dos justos?

O fato de que essas causas, em grande parte, anulam o efeito preventivo de nossas leis penais é comprovado pela história de nossas estatísticas criminais, que revelam o fato de que a maior parte de nossos crimes é cometida por aqueles que já foram punidos, e que cerca de 77% dos crimes em geral são cometidos com impunidade. Mas se uma proporção tão grande de crimes fica totalmente impune, é evidente que a sociedade depende muito menos de suas punições para sua segurança geral do que comumente se supõe. Não poderia, portanto, relaxar ainda mais essas punições, que são, na verdade, um imposto severo sobre a grande maioria das pessoas honestas para a repressão da proporção muito pequena que constitui a parte desonesta da comunidade? Destaque-se que, se incluirmos os delitos processados sumariamente com os delitos indiciáveis relatados, cerca de 2% da população pode ser considerada desonesta.

Se a punição é fraca para prevenir o crime, ela é forte para produzi-lo, e dificilmente se pode duvidar de que sua força produtiva é muito maior do que a preventiva. Nossas condições de encarceramento obrigam mais pessoas a entrar na carreira do crime do que as impedem de segui-la, sendo esse, muitas vezes, o único recurso restante para aqueles que dependem do trabalho de um criminoso. Seja na prisão ou na casa de trabalho[94], esses dependentes se tornam um encargo para a sociedade. Não parece razoável que, se uma pessoa sob forte tentação roubar um pão, cem outras pessoas que não fazem tal coisa devam contribuir para manter, não apenas o próprio prisioneiro, mas também sua família, com

---

94 Na Grã-Bretanha, uma casa de trabalho (*workhouse*) era uma instituição que oferecia acomodação e emprego às pessoas incapazes de se sustentar financeiramente. O termo é usado por Charles Dickens em seu livro *Oliver Twist*.

o pão de cada dia, pelo tempo que a lei permitir que ele deixe de ganhar o seu sustento e o deles.

Como, portanto, há mais a temer de um criminoso punido do que de um impune, há menos razões para lamentar a impunidade geral do crime. Há, de fato, uma grande classe de crimes cuja prevenção seria mais eficaz se os deixássemos entregues às suas consequências naturais e ao forte poder contra eles que os interesses gerais e os sentimentos morais da humanidade sempre imporão, do que por meio da punição propriamente dita. São especialmente os crimes de desonestidade que são mais bem punidos pelo simples fato de serem descobertos. De acordo com a lei norueguesa, se um infrator ocupar qualquer cargo oficial, ele será punido, não com multa ou prisão, mas com a perda de seu cargo e de todos os privilégios relacionados a ele. E se imaginarmos um país sem qualquer penalidade legal para roubo ou desonestidade, os ladrões e suas gangues logo encontrariam sua punição adequada, por meio desse processo de mudança social, que os levaria às ocupações mais deletérias ou perigosas da vida de forma ainda mais eficaz do que os leva atualmente. Quanto menos dependência for colocada nas sanções penais do crime, mais fortes se tornam as restrições morais contra ele.

É contra os crimes que afetam a pessoa que as punições são mais desejáveis e seu caráter vingativo é mais justamente exibido. A violência pessoal exige detenção pessoal ou castigo pessoal; e o princípio da analogia na punição é mais apropriado no caso de um homem que maltrata sua esposa ou abusa de sua força contra qualquer fraqueza maior que a sua. A punição em tais casos é uma exigência da justiça natural, quer alguém seja afetado pelo exemplo ou não, e quer o próprio homem seja ou não melhorado por ele. Não só é o melhor meio de reforçar a segurança pessoal, que é uma das principais funções do Estado, como também é uma expressão do senso de reprovação moral, que é tão necessário para a boa ordem da sociedade.

A repressão pela lei também parece ser o único meio de evitar aquela grande classe de ações que afetam o caráter e o tom geral de um país, embora não afetem de forma prejudicial nenhum indivíduo em particular. A proteção de criaturas fracas demais para se protegerem justifica, sob esse aspecto, a punição legal da crueldade contra os animais. É inútil dizer que a lei não pode fazer nada contra o senso moral médio da comunidade, pois a lei é, com frequência, a princípio, a única alavanca possível de nossas ideias morais. Se não fosse pela lei, ainda teríamos que provocar a ira de touros e de ursos espetando-os e nos divertirmos em brigas de galos; e até que a lei inclua lebres e pombos no âmbito da proteção tão terna em torno de touros e ursos, é provável que nenhum senso moral surja contra os prazeres mórbidos das corridas e da caça aos pombos.

O fato de que as punições de longa custódia, com as quais agora defendemos nossas vidas e propriedades, estão fora de qualquer proporção com as necessidades reais da existência social é indicado por um fato como o de que nenhum aumento de crime costumava acompanhar a libertação periódica de prisioneiros, que foi por muito tempo, se não ainda é, habitual na Rússia no início de cada reinado. Nem na Índia, quando a rainha assumiu o título de imperatriz e um perdão foi concedido a cerca de um décimo da população carcerária, houve qualquer aumento da criminalidade, como, de acordo com todo o raciocínio criminal, deveria ter acontecido, se a segurança da sociedade dependesse da custódia da classe criminosa. Na Suécia, uma baixa taxa de criminalidade parece ser uma consequência direta de uma baixa escala de punição. Dos condenados a trabalhos forçados, que podem variar de um período de dois meses a um período vitalício, 64% são condenados a um ano, e apenas 3% são condenados a sete anos; ao passo que as sentenças para o último período na Inglaterra formam entre 50% e 60% das sentenças de servidão penal.

Mas se a custódia da classe criminosa foi superestimada como uma prevenção do crime, ou considerada a única prevenção em vez de uma entre muitas, isso não significa que o crime deva ser deixado por conta própria. Segue-se apenas que devemos confiar menos na punição e mais em outras agências em nossa guerra contra o crime, e que devemos procurar controlar o último em sua fonte, não em seu fluxo total, ao atender à melhoria das condições gerais de vida. É certo, por exemplo, que a disseminação da educação, sobre a qual Beccaria escreveu em termos de tanto desespero, significa a diminuição do crime; e como a maioria dos crimes é cometida entre as idades de vinte e quarenta anos, pode-se prever que, a partir deste ano, a grande Lei de 1870[95] dará frutos cada vez maiores na redução de nossas estatísticas criminais. Também se pode esperar mais da luz elétrica do que de qualquer multiplicação de prisões.

Existem alguns remédios óbvios pelos quais os incentivos ao crime podem ser facilmente reduzidos. Em 1808, Sir Samuel Romilly apresentou um projeto de lei para que as pessoas julgadas e absolvidas de um crime recebessem uma indenização, a critério do juiz, pelo prejuízo que tiveram com sua detenção e julgamento. Isso foi contestado, com o argumento de que o pagamento de tal indenização com as taxas do condado desestimularia os processos; e a única justiça feita aos homens falsamente acusados desde aquele dia até hoje é a autorização dada aos governadores em 1878 para fornecer aos prisioneiros, que foram trazidos de outro condado para julgamento nos *assizes*[96] e foram absolvidos, meios de voltar para suas casas. É necessário algo mais do que isso para evitar que um indivíduo nessa situação caia em um crime real.

Outra coisa que poderia ser feita, que também serviria ao mesmo tempo para manter a família de um prisioneiro longe da miséria, a principal fonte de crime, seria a formação de um fundo para prisioneiros, para o benefício dele e de seus familiares. Para isso, há um precedente em uma lei bastante recente. Essa lei, que aboliu o confisco da propriedade de um criminoso, permitiu que a Coroa nomeasse um administrador para o benefício das pessoas prejudicadas pelo crime e da família do criminoso, sendo que a propriedade em si e sua renda reverteriam, em última instância, para o condenado ou seus

---

95 De acordo com o *Forfeiture Act* (Ato de confisco), de 1870, que aboliu o confisco automático de bens e terras como punição por traição e crime, o qual se estendeu à Inglaterra, País de Gales e Irlanda, os prisioneiros condenados por um crime e sentenciados a mais de 12 meses eram expressamente proibidos de votar, exceto em eleições para autoridades locais. Antes dessa medida do Parlamento, uma pessoa condenada por traição ou crime perdia automática e permanentemente todas as suas terras e posses para a Coroa.
96 Tribunais itinerantes presididos por juízes visitantes dos tribunais superiores sediados em Londres.

representantes. Não poderia, no entanto, haver objeção na justiça ao confisco de uma parte proporcional da propriedade de cada criminoso, confisco esse que deveria ser dedicado à formação de um fundo, por meio do qual deveria ser dada assistência tanto às famílias dos prisioneiros durante sua custódia quanto aos próprios prisioneiros em sua libertação[97]. Esse fundo poderia ser ainda mais aumentado pela substituição de uma penhora sobre o salário ou renda de um ser humano para muitos delitos menores agora punidos, mas não impedidos, pela prisão.

De acordo com a atual lei inglesa, uma pessoa condenada por mais de um delito pode ser sentenciada por cada um deles separadamente, sendo que a punição de cada um deles em sucessão entra em vigor após a expiração do outro. Por essa lei (que os legisladores do Código Penal propõem alterar), a prisão pode se estender por toda a vida. Nesse ponto, a lei chinesa novamente oferece um modelo, pois decreta que, quando dois ou mais delitos são provados contra um indivíduo, todos eles devem ser avaliados em conjunto, e a punição de todos os delitos menores deve ser incluída na acusação principal, e não em acréscimo a ela. Mas isso, é claro, pressupõe uma escala definida de crimes e punições.

Esses são alguns dos problemas relacionados à Criminologia que melhor ilustram a imperfeição de seus resultados alcançados. Até o momento, apenas uma coisa parece se destacar da névoa, que é o fato de que, por mais que o crime e a punição estejam intimamente associados, tanto no pensamento quanto no discurso, eles estão pouco associados na realidade. A quantidade de crimes em um país parece ser uma quantidade determinada, dependente de causas bem diferentes das leis penais direcionadas à sua repressão. A eficiência dessas últimas parece proporcional à sua brandura, não à sua severidade;

---

[97] Há um precedente para essa lei na legislação de Leopoldo, grão-duque da Toscana: "Os infelizes injustamente presos e considerados inocentes deveriam ser indenizados por meio de um fundo formado pelas multas, uma medida equitativa e profundamente humana" (LOISELEUR, M. Jules. **Les crimes et les peines dans l'antiquité et dans les temps modernes**: étude historique. Paris: L. Hachette, 1863, p. 336).

essa severidade é sempre prejudicada por uma inevitável moderação na prática. A conclusão, portanto, parece ser que um código curto e simples, com todas as punições associadas a cada delito, com todos os motivos para agravamento da punição declarados, e em uma escala tão moderada que nenhum critério para sua atenuação seja necessário, seria o meio mais adequado para dar às leis penais seu valor máximo como preventivas do crime, embora a experiência prove que, como tais preventivas, seu lugar é puramente secundário em um sistema de legislação realmente bom.